AF377786

THÉRESE

PHILOSOPHE.

TOME PREMIER.

THÉRESE

PHILOSOPHE,

OU

MÉMOIRES

Pour servir à l'Histoire de D. DIRRAG, & de Mademoiselle ERADICE.

Nouvelle édition, augmentée d'un plus grand nombre de figures que toutes les précédentes.

TOME PREMIER.

A LONDRES.

M.DCC.LXXXV.

THÉRESE

PHILOSOPHE,

O U

MÉMOIRES

Pour servir à l'Histoire de D. DIRRAG
& de Mademoiselle ERADICE.

QUOI, Monsieur, sérieusement vous voulez que j'écrive mon histoire ? Vous desirez que je vous rende compte des scenes mystiques de Mademoiselle Eradice avec le très-révérend P. Dirrag; que je vous informe des aventures de Madame C... avec l'Abbé T....? Vous demandez d'une fille qui n'a jamais écrit, des détails qui exigent de l'ordre dans les matieres ? Vous desirez un tableau où les scenes dont

A 3

je vous ai entretenu, ou celles dont nous avons été acteurs, ne perdent rien de leur lasciveté; que les raisonnemens métaphysiques conservent toute leur énergie? En vérité, mon cher Comte, cela me paroît au-dessus de mes forces. D'ailleurs Eradice a été mon amie; le P. Dirrag fut mon directeur; je dois des sentimens de reconnoissance à Madame C... & à l'Abbé T..... Trahirai-je la confiance des gens à qui j'ai les plus grandes obligations, puisque ce sont les actions des uns & les sages réflexions des autres, qui par gradation m'ont dessilé les yeux sur les préjugés de ma jeunesse; mais si l'exemple, dites-vous, & le raisonnement ont fait votre bonheur, pourquoi ne pas tâcher de contribuer à celui des autres par les mêmes voies, par l'exemple & par le raisonnement? Pourquoi craindre d'écrire des vérités utiles au bien de la société? Eh bien, mon cher bienfaiteur, je ne résiste plus: écrivons;

mon ingénuité me tiendra lieu d'un style épuré chez les personnes qui pensent, & je crains peu les sots. Non, vous n'essuyerez jamais un refus de votre tendre Thérese : vous verrez tous les replis de sa plus tendre enfance : son ame toute entiere va se développer dans les détails des petites aventures qui l'ont conduite, comme malgré elle, pas à pas au comble de la volupté.

Imbécilles mortels ! vous croyez être maîtres d'éteindre les passions que la nature a mises dans vous ! Elles sont l'ouvrage de Dieu. Vous voulez les détruire ces passions & les restreindre à de certaines bornes ! Hommes insensés ! vous prétendez donc être des seconds créateurs, plus puissans que le premier ? Ne verrez-vous jamais que tout est ce qu'il doit être, & que tout est bien ; que tout est de Dieu, rien de vous, & qu'il est aussi difficile de créer une pensée, que de créer un bras ou un œil ?

Le cours de ma vie eſt une preuve in-
conteſtable de ces vérités. Dès ma plus
tendre enfance, on ne m'a parlé que d'a-
mour pour la vertu & d'horreur pour le
vice. « Vous ne ſerez heureuſe, me diſoit-
» on, qu'autant que vous pratiquerez les
» vertus chrétiennes & morales. Tout ce
» qui s'en éloigne eſt le vice ; le vice nous
» attire le mépris, & le mépris engendre
» la honte & les remords qui en ſont une
» ſuite. » Perſuadée de la ſolidité de ces
leçons, j'ai cherché de bonne-foi, juſqu'à
l'âge de vingt-cinq ans, à me conduire
d'après ces principes : nous allons voir
comment j'ai réuſſi.

Je ſuis née dans la province de Vencerop. Mon pere étoit un bon bourgeois,
Négociant de.....petite ville jolie, où
tout inſpire la joie & le plaiſir : la galan-
terie ſemble y former ſeule tout l'intérêt
de la ſociété. On y aime dès qu'on penſe,
& on n'y penſe que pour ſe faciliter les

moyens de goûter les douceurs de l'amour.
Ma mere, qui étoit de . . . ajoutoit à la
vivacité de l'efprit des femmes de cette
province, voifine de celle de Vencerop,
l'heureux tempérament d'une voluptueufe
Vencéropale. Mon pere & ma mere vi-
voient avec économie d'un revenu modi-
que & du produit de leur petit commerce.
Leurs travaux n'avoient pu changer l'état
de leur fortune ; mon pere payoit une
jeune veuve, marchande dans fon voifi-
nage, fa maîtreffe : ma mere étoit payée
par fon amant, gentilhomme fort riche,
qui avoit la bonté d'honorer mon pere de
fon amitié. Tout fe paffoit avec un ordre
admirable : on favoit à quoi s'en tenir de
part & d'autre, & jamais ménage ne parut
plus uni.

Après dix amnées écoulées dans un arrangement fi louable , ma mere devint
enceinte ; elle accoucha de moi. Ma naiffance lui laiffa une incommodité qui fut

peut-être plus terrible pour elle, que ne l'eût été la mort même. Un effort dans l'accouchement lui caufa une rupture qui la mit dans la dure néceffité de renoncer pour toujours aux plaifirs qui m'avoient donné l'exiftence.

Tout changea de face dans la maifon paternelle. Ma mere devint dévote ; le Pere Gardien des Capucins remplaça les vifites affidues de M. le Marquis de .... qui fut congédié. Le fonds de tendreffe de ma mere ne fit que changer d'objet ; elle donna à Dieu par néceffité ce qu'elle avoit donné au Marquis par goût & par tempérament.

Mon pere mourut, & me laiffa au berceau. Ma mere, je ne fais par quelle raifon, fut s'établir à Volnot, port de mer célebre. De la femme la plus galante, elle étoit devenue la plus fage, & peut-être la plus vertueufe qui fut jamais.

J'avois à peine fept ans, lorfque cette

tendre mere, fans cesse occupée du soin
de ma santé & de mon éducation, s'apperçut que je maigrissois à vue d'œil ; un
habile médecin fut appellé pour être con-
sulté sur ma maladie : j'avois un appétit
dévorant, point de fievre ; je ne ressentois
aucune douleur : cependant ma vivacité
se perdoit, mes jambes pouvoient à peine
me porter. Ma mere, craintive pour mes
jours, ne me quitta plus & me fit coucher
avec elle. Quelle fut sa surprise, lorsque
une nuit me croyant endormie, elle s'apperçut que j'avois la main sur la partie
qui nous distingue des hommes, où, par
un frottement bénin, je me procurois des
plaisirs peu connus d'une fille de sept ans,
& très-communs parmi celles de quinze.
Ma mere pouvoit à peine croire ce qu'elle
voyoit. Elle leve doucement la couverture
& le drap ; elle apporte une lampe qu
étoit allumée dans la chambre, & en
femme prudente & connoisseuse, elle at-

tend conftamment le dénouement de mon
action. Il fut tel qu'il devoit être ; je m'a-
gitai, je treffaillis , & le plaifir m'éveilla.
Ma mere , dans le premier mouvement,
me gronda de la bonne forte ; elle me
demanda de qui j'avois appris les horreurs
dont elle venoit être témoin ? Je lui répondis , en pleurant , que j'ignorois en
quoi j'avois pu la fàcher ; que je ne favois
ce qu'elle vouloit me dire par les termes
d'*attouchement* , d'*impudicité* , de *péché
mortel*, dont elle fe fervoit. La naïveté de
mes réponfes la convainquit de mon innocence , & je me rendormis ; nouveaux
chatouillemens de ma part , nouvelles
plaintes de celle de ma mere. Enfin , après
quelques nuits d'obfervation attentive ,
on ne douta plus que ce ne fût la force de
mon tempérament qui me faifoit faire en
dormant ce qui fert à foulager tant de
pauvres religieufes en veillant. On prit le
parti de me lier étroitement les mains,

de maniere qu'il me fut impossible de continuer mes amusemens nocturnes.

Je recouvrai bientôt ma santé & ma premiere vigueur. L'habitude se perdit, mais le tempérament augmenta. A l'âge de neuf à dix ans je sentois une inquiétude, des desirs dont je ne connoissois pas le but : nous nous assemblions souvent, de jeunes filles & de jeunes garçons de mon âge , dans un grenier ou dans quelque chambre écartée. Là nous jouions à de petits jeux : un d'entre nous étoit élu le maître d'école, la moindre faute étoit punie par le fouet. Les garçons défaisoient leurs culottes , les filles troussoient jupes & chemises, on se regardoit attentivement ; vous eussiez vu cinq à six petits culs admirés , caressés & fouettés tour-à-tour. Ce que nous appellions *la guigui* des garçons , nous servoit de jouet ; nous passions & repassions cent fois la main dessus , nous la pressions à pleine main ,

nous en faisions des poupées, nous bai-
sions ce petit instrument, dont nous
étions bien éloignés de connoître l'usage
& le prix ; nos petites fesses étoient bai-
sées à leur tour, il n'y avoit que le centre
des plaisirs qui étoit négligé ; pourquoi
cet oubli, je l'ignore, mais tels étoient
nos jeux, la simple nature les dirigeoit,
une exacte vérité me le dicte.

Après deux années passées dans ce li-
bertinage innocent, ma mere me mit dans
un couvent ; j'avois alors environ onze
ans. Le premier soin de la supérieure fut
de me disposer à faire ma premiere con-
fession. Je me présentai à ce tribunal sans
crainte, parce que j'étois sans remords.
Je débitai au vieux gardien des Capucins,
directeur de conscience de ma mere, qui
m'écoutoit, toutes les fadaises, les péca-
dilles d'une fille de mon âge. Après m'être
accusée des fautes dont je me croyois cou-
pable : « Vous ferez un jour une sainte,

» me dit ce bon pere, si vous continuez
» de suivre, comme vous avez fait, les
» principes de vertu que votre mere vous
» inspire ; évitez sur - tout d'écouter le
» démon de la chair ; je suis le confesseur
» de votre mere, elle m'avoit alarmé sur
» le goût qu'elle vous croit pour l'impu-
» reté, le plus infame des vices ; je suis
» bien aise qu'elle se soit trompée dans
» les idées qu'elle avoit conçues de la ma-
» ladie que vous avez eue il y a quatre
» ans ; sans ses soins, mon cher enfant,
» vous perdiez votre corps & votre ame.
» Oui, je suis certain présentement que
» les attouchemens dans lesquels elle
» vous a surprise, n'étoient pas volon-
» taires , & je suis convaincu qu'elle s'est
» trompée dans la conclusion qu'elle en
» a tirée pour votre salut. »

Alarmée de ce que me disoit mon confesseur, je lui demandai ce que j'avois
donc fait, qui eût pu donner à ma mere

une si mauvaise idée de moi? Il ne fit aucune difficulté de m'apprendre, dans les termes les plus mesurés, ce qui s'étoit passé, & les précautions que ma mere avoit prises pour me corriger d'un défaut, dont il étoit à desirer, disoit-il, que je ne connusse jamais les conséquences.

Ces réflexions m'en firent faire insensiblement sur nos amusemens du grenier dont je viens de parler. La rougeur me couvrit le visage, je baissai les yeux comme une personne honteuse, interdite, & je crus appercevoir, pour la premiere fois, du crime dans nos plaisirs. Le pere me demanda la cause de mon silence & de ma tristesse, je lui dis tout. Quels détails n'exigea-t-il pas de moi? Ma naïveté sur les termes, sur les attitudes & sur le genre des plaisirs dont je convenois, servit encore à le persuader de mon innocence. Il blâma ces jeux avec une prudence peu commune aux ministres de l'église; mais ces expreſſions déſignerent aſſez l'idée qu'il concevoit de mon tempérament. Le jeûne, la priere, la méditation, le cilice, furent les armes dont il m'ordonna de combattre par la ſuite mes paſſions. « Ne » portez jamais, me dit-il, la main ni » même les yeux ſur cette partie infame » par laquelle vous piſſez, qui n'eſt autre » choſe que la pomme qui a ſéduit Adam, » & qui a opéré la condamnation du » genre humain par le péché originel ; » elle eſt habitée par le démon : c'eſt ſon » ſéjour, c'eſt ſon trône ; évitez de vous » laiſſer ſurprendre par cet ennemi de » Dieu & des hommes. La nature cou- » vrira bientôt cette partie d'un vilain » poil, tel que celui qui ſert de couver- » ture aux bêtes féroces, pour marquer » par cette punition, que la honte, l'obſ- » curité & l'oubli doivent être ſon par- » tage. Gardez-vous encore avec plus de » précaution de ce morceau de chair des

» jeunes garçons de votre âge, qui faisoit
» votre amusement dans ce grenier; c'est
» le serpent, ma fille, qui tenta Eve notre
» mere commune. Que vos regards & vos
» attouchemens ne soient jamais souillés
» par cette vilaine bête, elle vous pi-
» queroit & vous dévoreroit infaillible-
» ment tôt ou tard. » Quoi! seroit-il
bien possible, mon pere, repris-je toute
émue, que ce soit là un serpent, & qu'il
soit aussi dangereux que vous le dites ?
Hélas! il m'a paru si doux! il n'a mordu
aucune de mes compagnes; je vous assure
qu'il n'avoit qu'une très-petite bouche &
point de dents, je l'ai bien vu... « Allons,
» mon enfant, dit mon confesseur en
» m'interrompant; croyez ce que je vous
» dis : les serpens que vous avez eu la té-
» mérité de toucher étoient encore trop
» jeunes, trop petits, pour opérer les
» maux dont ils sont capables; mais ils
» s'alongeront, ils grossiront, ils s'élan-

» ceront contre vous : c'est alors que
» vous devez redouter l'effet du venin
» qu'ils ont coutume de darder avec une
» forte de fureur , & qui empoisonneroit
» votre corps & votre ame. » Enfin après
quelqu'autre leçon de cette espece , le
bon pere me congédia en me laissant dans
une étrange perplexité.

Je me retirai dans ma chambre , l'imagination frappée de ce que je venois d'entendre , mais bien plus affectée de l'idée
de l'aimable serpent , que de celle des re-
montrances & des menaces qui m'avoient
été faites à son sujet. Néanmoins j'exé-
cutai de bonne-foi ce que j'avois promis ;
je résistai aux offres de mon tempérament,
& je devins un exemple de vertu.

Que de combats , mon cher Comte , il
m'a fallu rendre jusqu'à l'âge de vingt-cinq
ans , tems auquel ma mere me retira de ce
maudit couvent ! J'en avois à peine seize ,
lorsque je tombai dans un état de langueur

qui étoit le fruit de mes méditations ; elles m'avoient fait appercevoir fensiblement deux paffions dans moi , qu'il m'étoit impoffible de concilier. D'un côté j'aimois Dieu de bonne-foi, je defirois de tout mon cœur de le fervir de la maniere dont on m'affuroit qu'il vouloit être fervi. D'autre côté je fentois des defirs violens dont je ne pouvois démêler le but. Ce ferpent charmant fe peignoit fans ceffe dans mon ame, & s'y arrêtoit malgré moi, foit en s'éveillant, ou en dormant. Quelquefois, toute émue , je croyois y porter la main , je le careffois , j'admirois fon air noble, altier, fa fermeté, quoique j'en ignoraffe encore l'ufage ; mon cœur battoit avec une vîteffe étonnante, & dans le fort de mon extafe ou de mon rêve, toujours marqué par un frémiffement de volupté, je ne me connoiffois prefque plus : ma main fe trouvoit faifie de la pomme, mon doigt remplaçoit le ferpent.

Excitée par les avant-coureurs du plaifir, j'étois incapable d'aucune autre réflexion : l'enfer entr'ouvert fous mes yeux n'auroit pas eu le pouvoir de m'arrêter : remords impuiffans ! je mettois le comble à la volupté.

Que de trouble enfuite ! le jeûne, le ci-lice, la méditation étoient ma reffource : je fondois en larmes. Ces remedes, en dé-traquant la machine, me guérirent à la vérité tout-à-coup de ma paffion ; mais ils ruinerent enfemble mon tempérament & ma fanté : je tombai enfin dans un état de langueur, qui me conduifoit vifiblement au tombeau, lorfque ma mere me retira du couvent.

Répondez, théologiens fourbes ou igno-rans, qui créez nos crimes à votre gré : qui eft-ce qui avoit mis en moi les deux paffions dont j'étois combattue, *l'amour de Dieu & celui du plaifir de la chair ?* Eft-ce la nature ou le Diable ? optez. Mais

oseriez-vous avancer que l'un & l'autre
soient plus puissans que Dieu? S'ils lui
sont subordonnés, c'est donc Dieu qui
avoit permis que ces passions fussent en
moi; c'étoit son ouvrage. Mais, réplique-
rez-vous, Dieu vous a donné la raison
pour vous éclairer. Oui; mais non pas
pour me décider. La raison m'avoit bien
fait appercevoir les deux passions dont
j'étois agitée: c'est par elle que j'ai conçu
par la suite, que, tenant tout de Dieu,
je tenois de lui ces passions dans toute la
force où elles étoient; mais cette même
raison qui m'éclairoit, ne me décidoit
point. Dieu cependant, continuerez-vous,
vous ayant laissé maîtresse de votre volonté, vous étiez libre de vous déterminer
pour le bien ou pour le mal? Pur jeu de
mots. Cette volonté & cette prétendue
liberté n'ont de degrés de force, n'agissent
que conséquemment aux degrés de force
des passions & des appétits qui nous solli-

citent. Je parois, par exemple, être libre de me tuer, de me jeter par la fenêtre. Point du tout ; dès que l'envie de vivre est plus forte en moi que celle de mourir, je ne me tuerai jamais. Tel homme, direz-vous, est bien le maître de donner aux pauvres, à son indulgent confesseur, cent louis d'or qu'il a dans sa poche. Il ne l'est point ; l'envie qu'il a de conserver son argent étant plus forte que celle d'obtenir une absolution inutile de ses péchés, il gardera nécessairement son argent. Enfin chacun peut se démontrer à soi-même, que la raison ne sert qu'à faire connoître à l'homme quel est le degré d'envie qu'il a de faire ou d'éviter telle ou telle chose, combiné avec le plaisir & le déplaisir qui doit lui en revenir. De cette connoissance acquise par la raison, il résulte ce que nous appellons *la volonté*, *la détermination*. Mais cette volonté & cette détermination font aussi parfaitement soumises aux de-

grés de paffion ou de defir qui nous agitent, qu'un poids de quatre livres détermine néceffairement le côté d'une balance
qui n'a que deux livres à foulever dans fon
autre baffin.

Mais, me dira un raifonneur qui n'apperçoit que l'écorce, ne fuis-je pas libre
de boire à mon dîner une bouteille de vin
de Bourgogne ou de Champagne ? Ne
fuis-je pas le maître de choifir pour ma
promenade la grande allée des Tuileries,
ou la terraffe des Feuillans ?

Je conviens que dans tous les cas où
l'ame eft dans une indifférence parfaite fur
fa détermination ; que dans les circonftances où les defirs de faire telle ou telle
chofe font dans une balance égale, mais
dans un jufte équilibre, nous ne pouvons
pas appercevoir ce défaut de liberté : c'eft
un lointain dans lequel nous ne difcer-
nons plus les objets : mais rapprochons-
les un peu ces objets, nous appercevrons

bientôt

bientôt diftinctement le méchanifme des actions de notre vie, & dès que nous en connoîtrons une, nous les connoîtrons toutes, puifque la nature n'agit que par un même principe.

Notre raifonneur fe met à table, on lui fert des huîtres, ce mets le détermine pour le vin de Champagne. Mais, dira-t-on, il étoit libre de choifir le Bourgogne? Je dis que non: il eft bien vrai qu'un autre motif, qu'une autre envie plus puiffante que la premiere, pouvoit le déterminer à boire de ce dernier vin; eh bien, en ce cas, cette derniere envie auroit également contraint fa prétendue liberté.

Notre même raifonneur en entrant aux Tuileries, apperçoit une jolie femme de fa connoiffance fur la terraffe des Feuillans: il fe détermine à la joindre, à moins que quelqu'autre raifon d'intérêt ou de plaifir ne le conduife dans la grande allée. Mais quelque côté qu'il choififfe, ce fera toujours une raifon, un defir qui le décîdera invinciblement à prendre l'un ou l'autre parti qui contiendra fa volonté.

Pour admettre que l'homme fût libre, il faudroit fuppofer qu'il fe déterminât par lui-même : mais s'il eft déterminé par les degrés de paffion dont la nature & les fenfations l'affectent, il n'eft pas libre ; un degré de defir plus ou moins vif le décide auffi invinciblement, qu'un poids de quatre livres en entraîne un de trois.

Je demande encore à mon dialogueur, qu'il me dife qu'eft-ce qui l'empêche de penfer comme moi fur la matiere dont il s'agit ici, & pourquoi je ne veux pas me déterminer à penfer comme lui fur cette même matiere. Il me répondra fans doute que fes idées, fes notions, fes fenfations le contraignent de penfer comme il fait. Mais de cette réflexion qui lui démontre intérieurement qu'il n'eft pas maître d'avoir la volonté de penfer comme moi, ni moi de penser comme lui, il faut bien qu'il convienne que nous ne sommes pas libres de penser de telle ou telle maniere. Or, si nous ne sommes pas libres de penser, comment serions-nous libres d'agir, puisque la pensée est la cause, & que l'action n'est que l'effet ; & peut-il résulter un effet *libre* d'une cause qui n'est pas *libre?* Cela implique contradiction.

Pour achever de nous convaincre de cette vérité, aidons-nous du flambeau de l'expérience. Grégoire, Damon & Philinte, sont trois freres, qui ont été élevés par les mêmes maîtres, jusqu'à l'âge de vingt-cinq ans ; ils ne se sont jamais quittés, ils ont reçu la même éducation, les mêmes leçons de morale, de religion. Cependant Grégoire aime le vin, Damon aime les femmes, Philinte est dévot. Qui est-ce qui a déterminé les trois différentes volontés de ces trois freres? Ce ne peut être ni l'acquit, ni la connoissance du bien

& du mal moral, puisqu'ils n'ont reçu que les mêmes préceptes par les mêmes maîtres ; chacun d'eux avoit donc en lui différens principes, différentes paffions qui ont décidé ces diverfes volontés, malgré l'uniformité des connoiffances acquifes. Je dis plus ; Grégoire qui aimoit le vin, étoit le plus honnête homme, le plus fociable, le meilleur ami lorfqu'il n'avoit pas bu ; mais dès qu'il avoit goûté de cette liqueur enchantereffe, il devenoit médifant, calomniateur, querelleur, il fe feroit coupé la gorge par goût avec fon meilleur ami. Or, Grégoire étoit-il maître de ce changement de volonté qui fe faifoit tout-à-coup dans lui ? Non certainement, puifque de fang-froid il déteftoit les actions qu'il avoit été forcé de commettre dans le vin. Quelques fots cependant admiroient l'efprit de continence dans Grégoire qui n'aimoit pas les femmes, la fobriété de Damon qui n'aimoit point le vin, & la

piété de Philinte qui n'aimoit ni les femmes ni le vin, mais qui jouiſſoit du même
plaiſir que les deux premiers par ſon goût
pour la dévotion. C'eſt ainſi que la plupart
des hommes ſont dupes de l'idée qu'ils ont
des vices & des vertus humaines.

Concluons. L'arrangement des organes,
les diſpoſitions des fibres, un certain mouvement des liqueurs, donnent le genre des
paſſions ; les degrés de force dont elles
nous agitent, contraignent la raiſon, dé-
terminent la volonté dans les plus petites
comme dans les plus grandes actions de
notre vie. C'eſt ce qui fait l'homme paſ-
ſionné, l'homme ſage, l'homme fou. Le
fou n'eſt pas moins libre que les deux premiers, puiſqu'il agit par les mêmes principes; la nature eſt uniforme. Suppoſer
que l'homme eſt libre, & qu'il ſe détermine par lui-même, c'eſt le faire égal
à Dieu.

Revenons à ce qui me regarde. J'ai dit

qu'à vingt-trois ans ma mere me retira presque mourante du couvent où j'étois. Toute la machine languiſſoit, mon teint étoit jaune, mes levres livides ; je reſſem-blois à un ſquelette vivant. Enfin la dé-votion alloit me rendre homicide de moi-même, lorſque je rentrai dans la maiſon de ma mere. Un habile médecin, envoyé de ſa part à mon couvent, avoit connu d'abord le principe de ma maladie. Cette liqueur divine qui nous procure le ſeul plaiſir phyſique, le ſeul qui ſe goûte ſans amertume ; cette liqueur, dis-je, dont l'écoulement eſt auſſi néceſſaire à certains tempéramens, que celui qui réſulte des alimens qui nous nourriſſent, avoit reflué des vaiſſeaux qui lui ſont propres, dans d'autres qui lui étoient étrangers ; ce qui avoit jeté le déſordre dans toute la ma-chine.

On conſeilla à ma mere de me chercher un mari, comme le ſeul remede qui pût me fauver la vie. Elle m'en parla avec douceur ; mais infatuée que j'étois de mes préjugés, je lui répondis fans ménage‑ ment, que j'aimois mieux mourir que de déplaire à Dieu par un état auffi méprifa‑ ble, qu'il ne toléroit que par un effet de fa bonté. Tout ce qu'elle put me dire, ne m'ébranla point ; la nature affoiblie ne me laiffoit aucune efpece de defirs pour ce monde, je n'envifageois que le bonheur qu'on m'avoit promis dans l'autre.

Je continuois donc mes exercices de piété avec toute la ferveur imaginable. On m'avoit beaucoup parlé du fameux pere Dirrag ; je voulus le voir, il devint mon directeur ; & mademoifelle Eradice, fa plus tendre pénitente, fut bientôt ma meilleure amie.

Vous connoiffez, mon cher Comte, l'hiftoire de ces deux célebres perfonna‑ ges ; je n'entreprendrai point de vous ré‑ péter tout ce que le public en fait & en a dit ; mais un trait singulier , dont j'ai été témoin , pourra vous amuser , & servir à vous convaincre que , s'il est vrai que mademoiselle Eradice se soit enfin livrée avec connoissance de cause aux embrassemens de ce caffard , il est du moins certain qu'elle a été long - tems la dupe de sa sainte lubricité.

Mademoiselle Eradice avoit pris pour moi l'amitié la plus tendre, elle me confioit ses plus secretes pensées ; la conformité d'humeur, de pratiques de piété, peut - être même de tempérament , qui étoit entre nous, nous rendoit inséparables. Toutes deux vertueuses, notre passion dominante étoit d'avoir la réputation d'être saintes , avec une envie démesurée de parvenir à faire des miracles. Cette passion la dominoit si puissamment , qu'elle eût souffert, avec une constance digne des martyrs, tous les tourmens imaginables , si on lui eût persuadé qu'ils pouvoient lui faire reffufciter un fecond Lazare ; & le pere Dirrag avoit, pardeffus tout, le talent de lui faire croire tout ce qu'il vouloit

Eradice m'avoit dit plufieurs fois, avec une forte de vanité, que ce pere ne fe communiquoit tout entier qu'à elle feule ; que dans les entretiens particuliers qu'ils avoient fouvent enfemble chez elle, il l'avoit affurée qu'elle n'avoit plus que quelques pas à faire pour parvenir à la fainteté ; que Dieu le lui avoit ainfi révélé dans un fonge, par lequel il avoit connu clairement qu'elle étoit à la veille d'opérer les plus grands miracles, fi elle continuoit de fe laiffer conduire par les degrés de vertu & de mortification néceffaires.

La jaloufie & l'envie font de tous les états, celui de dévote eft peut-être le plus fufceptible.

Eradice s'apperçut que j'étois jaloufe de fon bonheur, & que même je paroiffois ne pas ajouter foi à ce qu'elle me difoit.

Effectivement, je lui témoignois d'autant
plus de surprise de ce qu'elle m'apprenoit
de ses entretiens particuliers avec le pere
Dirrag, qu'il avoit toujours éludé d'en
avoir de semblables avec moi dans la maison d'une de ses pénitentes mon amie, qui
étoit stigmatisée ainsi qu'Eradice. Sans
doute que ma triste figure, & que mon
teint jaunâtre n'avoient pas paru au révé-
rend pere, être pour lui un restaurant
propre à exciter le goût nécessaire à ses
travaux spirituels. J'étois piquée au jeu,
point de stigmates, point d'entretien particulier pour moi ! Mon humeur perça,
j'affectai de paroître ne rien croire. Eradice d'un air ému m'offrit de me rendre
dès le lendemain matin témoin oculaire
de son bonheur. Vous verrez, me dit-elle
avec feu, quelle est la force de mes exercices spirituels, par quels degrés de pénitence le bon pere me conduit à devenir
une grande sainte ; & vous ne douterez

plus des extafes, des raviffemens, qui font une fuite de ces mêmes exercices. Que mon exemple, ma chere Thérefe, ajouta-t-elle en fe radouciffant, ne peut-il opérer dans vous, pour premier miracle, la force de détacher entiérement votre efprit de la matiere par la grande vertu de la méditation, pour ne le mettre qu'en Dieu feul!

Je me rendis le lendemain à cinq heures du matin chez Eradice, comme nous en étions convenu. Je la trouvai en priere, un livre à la main. Le faint homme va venir, me dit-elle, & Dieu avec lui : cachez-vous dans ce petit cabinet, d'où vous pourrez entendre & voir jufques où la bonté divine veut bien s'étendre en faveur de fa vile créature, par les foins de notre directeur. Un inftant après on frappa doucement à la porte. Je me fauvai dans le cabinet, dont Eradice prit la clef. Un trou large comme la main, qui étoit dans la porte de ce cabinet, couverte d'une vieille tapisserie de bergame très-claire, me laiſ-ſoit voir librement la chambre à ſon en-tier, ſans riſquer d'être apperçue.

Le bon pere entra. « Bonjour, ma
» chere ſœur en Dieu, lui dit-il. Que le
» S. Eſprit & S. François ſoient avec
» vous ! Elle voulut ſe jeter à ſes pieds,
» mais il la releva & la fit aſſeoir auprès
» de lui. Il eſt néceſſaire, lui dit le ſaint
» homme, que je vous répete les princi-
» pes ſur leſquels vous devez vous guider
» dans toutes les actions de votre vie :
» mais parlez - moi auparavant de vos
» ſtigmates ; celui que vous avez ſur la
» poitrine, eſt-il toujours dans le même
» état ? Voyons un peu. Eradice ſe mit
» d'abord en devoir de découvrir ſon
» tetton gauche, au - deſſous duquel il
» étoit. Ah ! ma ſœur, arrêtez : couvrez
» votre ſein avec ce mouchoir, (il lui en
» tendoit un ;) de pareilles choſes ne
» ſont

» font pas faites pour un membre de
» notre société : il suffira que je voie la
» plaie que saint François y a imprimée :
» ah ! il subsiste. Bon, dit-il, je suis con-
» tent. Saint François vous aime tou-
» jours ; la plaie est vermeille & pure :
» j'ai eu soin d'apporter encore avec moi
» le saint morceau de cordon ; nous en
» aurons besoin à la suite de nos exerci-
» ces. Je vous ai déjà dit, ma sœur, con-
» tinua-t-il, que je vous distinguois de
» toutes mes pénitentes vos compagnes,
» parce que je vois que Dieu vous dis-
» tingue lui-même de son saint troupeau,
» comme le soleil est distingué de la lune
» & des autres planetes. C'est pour cette
» raison que je n'ai pas craint de vous
» révéler ses mysteres les plus cachés. Je
» vous l'ai dit, ma chere sœur, *oubliez-*
» *vous & laissez faire.* Dieu ne veut des
» hommes que le cœur & l'esprit. C'est
» en oubliant le corps qu'on parvient à

» Dieu, à devenir sainte, à opérer des
» miracles. Je ne puis vous dissimuler,
» mon petit ange, que dans notre dernier
» exercice je me suis apperçu que votre
» esprit tenoit encore à la chair. Quoi !
» ne pouvez-vous imiter en partie ces
» bienheureux martyrs qui ont été fla-
» gellés, tenaillés, rôtis, sans souffrir la
» moindre douleur, parce que leur ima-
» gination étoit tellement occupée de la
» gloire de Dieu, qu'il n'y avoit dans eux
» aucune particule d'esprit qui ne fût
» employée à cet objet ? C'est un mécha-
» nisme certain, ma chere fille ; nous sen-
» tons, & nous n'avons d'idée du bien &
» du mal physique, comme du bien & du
» mal moral, que par la voie des sens.
» Dès que nous touchons, que nous en-
» tendons, que nous voyons, &c. un
» objet, des particules d'esprits se cou-
» lent dans les petites cavités des nerfs
» qui vont en avertir l'ame. Si vous avez

» affez de ferveur pour raffembler, par la
» force de la méditation fur l'amour que
» vous devez à Dieu, toutes les particu-
» les d'efprits qui font en les appliquant
» toutes à cet objet, il eft certain qu'il
» n'en reftera aucune pour avertir l'ame
» des coups que votre chair recevra ; vous
» ne les fentirez pas. Voyez ce chaffeur ;
» l'imagination remplie du plaifir de for-
» cer le gibier qu'il pourfuit, il ne fent
» ni les ronces ni les épines dont il eft
» déchiré en perçant les forêts. Plus foi-
» ble que lui, dans un objet mille fois
» plus intéreffant, fentirez-vous de foi-
» bles coups de difcipline, fi votre ame
» eft fortement occupée du bonheur qui
» vous attend ? Telle eft la pierre de tou-
» che qui nous conduit à faire des mira-
» cles ; tel doit être l'état de perfection
» qui nous unit à Dieu. Nous allons com-
» mencer, ma chere fille : rempliffez vos
» devoirs, & foyez fûre qu'avec l'aide du

C 2

» cordon de S. François & votre médita-
» tion, ce pieux exercice finira par un
» torrent de délices inexprimables. Met-
» tez-vous à genoux, mon enfant, & dé-
» couvrez ces parties de la chair qui sont
» les motifs de la colere de Dieu : la mor-
» tification qu'elles éprouveront unira in-
» timément votre esprit à lui. Je vous le
» répete, *oubliez-vous*, *& laissez faire.* »
Mademoiselle Eradice obéit aussi - tôt
sans répliquer. Elle se mit à genoux sur
un prie - dieu, un livre devant elle : puis
levant ses jupes & sa chemise jusqu'à la
ceinture, elle laissa voir deux fesses blanches comme la neige & d'un ovale parfait,
soutenues de deux cuisses d'une propor-
tion admirable. Levez plus haut votre
chemise, lui dit-il, elle n'est pas bien : là ;
c'est ainsi. Joignez présentement les mains
& élevez votre ame à Dieu, remplissez
votre esprit de l'idée du bonheur éternel
qui vous est promis. Alors le pere appro-

cha un tabouret, fur lequel il fe mit à genoux derriere & un peu à côté d'elle. Sous fa robe, qu'il releva & qu'il paffa dans fa ceinture, étoit une groffe & longue poignée de verges, qu'il préfenta à baifer à fa pénitente.

Attentive à l'événement de cette fcene, j'étois remplie d'une fainte horreur ; je fentois une forte de frémiffement que je ne puis écrire. Eradice ne difoit mot. Le pere parcouroit, avec des yeux pleins de feu, les feffes qui lui fervoient de perfpective ; & comme il avoit fes regards fixés fur elles, j'entr'ouis qu'il difoit à baffe voix, d'un ton d'admiration : ah, la belle gorge ! Quels tettons charmans ! Puis il fe baiffoit, fe relevoit par intervalles en marmottant quelques verfets : rien n'échappoit à fa lubricité. Après quelques minutes, il demanda à fa pénitente fi fon ame étoit entrée en contemplation ? Oui, mon très-révérend pere, lui dit-elle ; je fens que mon efprit fe détache de la chair, & je vous fupplie de commencer le faint œuvre. Cela fuffit, reprit le pere, votre efprit va être content. Il récita encore quelques prieres, & la cérémonie commença par trois coups de verges qu'il lui appliqua affez légérement fur le derriere. Ces trois coups furent fuivis d'un verfet qu'il récita, & fucceffivement de trois autres coups de verges un peu plus forts que les premiers. Après cinq à fix verfets récités & interrompus par cette forte de diverfion, quelle fut ma furprife, lorfque je vis le P. Dirrag, déboutonnant fa culotte, donner l'effort à un trait enflammé qui étoit femblable à ce ferpent fatal qui m'avoit attiré les reproches de mon ancien directeur ! Ce monftre avoit acquit la longueur, la groffeur & la fermeté prédite par le Capucin ; il me faifoit friffonner. Sa tête rubiconde paroiffoit menacer les feffes d'Eradice, qui étoient devenues

du plus belle incarnat : le visage du pere
étoit tout en feu. Vous devez être présentement, dit-il, dans l'état le plus parfait de contemplation : votre ame doit
être détachée des sens. Si ma fille ne
trompe pas mes saintes espérances, elle
ne voit plus, n'entend plus, ne sent plus.
Dans ce moment ce bourreau fit tomber
une grêle de coups sur toutes les parties
du corps d'Eradice qui étoient à décou-
vert. Cependant elle ne disoit mot, elle
sembloit être immobile, insensible à ces
terribles coups, & je ne distinguois sim-
plement dans elle qu'un mouvement con-
vulsif de ses deux fesses, qui se serroient
à chaque instant. Je suis content de vous,
lui dit-il après un quart-d'heure de cette
cruelle discipline ; il est tems que vous
commenciez à jouir du fruit de vos saints
travaux : ne m'écoutez pas, ma chere fille,
mais laissez - vous conduire : prosternez
votre face contre terre ; je vais, avec le

vénérable cordon de S. François, chasser
tout ce qui reste d'impur au-dedans de
vous.

Le bon pere la plaça en effet dans une
attitude humiliante, à la vérité, mais aussi
la plus commode à ses desseins. Jamais on
ne l'a présentée plus commode ; ses fesses
étoient entr'ouvertes, & on découvroit
en entier la double route des plaisirs.

Après un instant de contemplation de
la part du caffard, il humecta de salive ce
qu'il appelloit *le cordon*, & en proférant
quelques paroles, d'un ton qui sentoit
l'exorcisme d'un prêtre qui travaille à
chasser le diable du corps d'un démonia-
que, sa révérence commença par son intromission.

J'étois placée de maniere à ne pas perdre
la moindre circonstance de cette scene :
les fenêtres de la chambre où elle se passoit
faisoient face à la porte du cabinet dans
lequel j'étois renfermée. Eradice venoit

d'être placée à genoux fur le plancher, les
bras croifés fur le marche-pied de fon prie-
dieu, & la tête appuyée fur fes bras : fa
chemife foigneufement relevée jufqu'à la
ceinture, me laiffoit voir à demi - profil,
des feffes & une chûte de reins admirables. Cette luxurieufe perfpective fixoit
l'attention du très-révérend pere, qui s'é-
toit mis lui-même à genoux, les jambes
de fa pénitente placées entre les fiennes,
fes culottes baffes, fon cordon à la main,
marmottant quelques mots mal articulés.
il refte pendant quelques inftans dans cette
édifiante attitude, parcourant l'autel avec
des regards enflammés, & paroiffant in-
décis fur la nature du facrifice qu'il alloit
offrir. Deux embouchures fe préfentoient,
il les dévoroit des yeux, embarraffé fur le
choix : l'une étoit un friand morceau pour
un homme de fa robe ; mais il avoit promis du plaifir, de l'extafe à fa pénitente,
comment faire ? Il ofa diriger plufieurs

fois la tête de son instrument sur la porte favorite à laquelle il heurtoit légérement : mais enfin la prudence l'emporta sur le goût. Je lui dois cette justice, je vis distinctement le rubicond priape de sa révérence, enfiler la route canonique, après en avoir entr'ouvert délicatement les levres vermeilles avec le pouce & l'index de chaque main. Ce travail fut d'abord entamé par trois vigoureuses secousses, qui en firent entrer près de moitié : alors tout-à-coup la tranquillité apparente du pere se changea en une espece de fureur. Quelle physionōmie, bon Dieu ! Figurez-vous un satyre, les levres chargées d'écume, la bouche béante, grinçant par fois les dents, soufflant comme un taureau qui mugit : ses narines étoient enflées & agitées ; il soutenoit ses mains élevées à quatre doigts de la croupe d'Eradice, sur laquelle on voyoit qu'il n'osoit les appliquer pour y prendre un point d'appui ; ses doigts écar-

tés étoient en convulsion & se formoient en patte de chapon rôti. Sa tête étoit baissée ; & ses yeux étincelans restoient fixés sur le travail de la cheville ouvriere, dont il compassoit les allées & les venues, de maniere que, dans le mouvement de rétroaction, elle ne sortit pas de son fourreau, & que, dans celui d'impulsion, son ventre n'appuya pas aux fesses de la pénitente, laquelle par réflexion auroit pu deviner où tenoit le prétendu cordon. Quelle présence d'esprit ! je vis qu'environ la longueur d'un travers de pouce du saint instrument fut constamment réservée au-dehors & n'eut point de part à la fête. Je vis qu'à chaque mouvement que le croupion du pere faisoit en-arriere, par lequel le cordon se retiroit de son gîte jusqu'à la tête, les levres de la partie d'Eradice s'entr'ouvroient & paroissoient d'un incarnat si vif, qu'elles charmoient la vue. Je vis que, lorsque le pere par un mouvement opposé poussoit en-avant, ces mêmes levres, dont on ne voyoit plus alors que le petit poil noir qui les couvroit, serroient si exactement la fleche qui y sembloit comme engloutie, qu'il eût été difficile de deviner auquel des deux acteurs appartenoit cette cheville, par laquelle ils paroissoient l'un & l'autre également attachés.

Quelle méchanique ! quel spectacle, mon cher Comte, pour une fille de mon âge, qui n'avoit aucune connoissance de ce genre de mystere ! Que d'idées différentes me passerent dans l'esprit, sans pouvoir me fixer à aucune ; il me souvient seulement que vingt fois je fus sur le point de m'aller jeter aux genoux de ce célebre directeur, pour le conjurer de me traiter comme mon amie. Étoit-ce mouvement de dévotion ? étoit-ce mouvement de concupiscence ? C'est ce qu'il m'est encore impossible de pouvoir bien démêler.

Revenons à nos acolytes. Les mouvemens du pere s'accélérerent ; il avoit peine à garder l'équilibre. Sa posture étoit telle, qu'il formoit à peu près, de la tête aux genoux, une S dont le ventre alloit & venoit horizontalement aux fesses d'Eradice. La partie de celle-ci, qui servoit de canal à la cheville ouvriere, dirigeoit tout le travail ; & deux énormes verrues qui pendoient entre les cuisses de sa révérence, sembloient en être comme les témoins. Votre esprit est-il content, ma petite sainte, dit-il en poussant une sorte de soupir ? Pour moi je vois les cieux ouverts, la grace suffisante me transporte, je... Ah, mon pere, s'écria Eradice, quel plaisir m'aiguillonne ! Oui, je jouis du bonheur céleste ; je sens que mon esprit est entiérement détaché de la matiere, chassez, mon pere, tout ce qu'il y a d'impur dans moi. Je vois ... les ... an...ges ; poussez plus avant ... poussez donc... Ah !...

Ah !... bon ... faint François ! ne m'aban-
donnez pas ; je fens le cor... le cor... le
cordon ... je n'en puis plus ... je me meurs.

Le pere qui fentoit également les ap-
proches du fouverain plaifir, bégayoit,
pouffoit, fouffloit, haletoit. Enfin, les
dernieres paroles d'Eradice furent le fi-
gnal de fa retraite : je vis le fier ferpent
devenu humble, rampant, fortir couvert
d'écume de fon étui.

Tout fut promptement remis dans fa
place, & le pere, en laiffant tomber fa
robe, gagna à pas chancelans le prie-dieu
qu'Eradice avoit quitté. Là, feignant de
fe mettre en oraifon, il ordonna à fa pénitente de fe lever, de fe couvrir, puis de
venir fe joindre à lui, pour remercier le
Seigneur des faveurs qu'elle venoit d'en
recevoir.

Que vous dirai - je enfin, mon cher
Comte ? Dirrag fortit ; & Eradice, qui
m'ouvrit la porte du cabinet, me fauta au

cou en m'abordant. Ah ! ma chere Thérefe , me dit-elle , prends part à ma félicité : oui , j'ai vu le paradis ouvert ; j'ai
participé au bonheur des anges. Que de
plaifirs , mon amie , pour un moment de
peines ! Par la vertu du faint cordon , mon
ame étoit prefque détachée de la matiere.
Tu as pu voir par où notre bon directeur
l'a introduit dans moi. Eh bien ! je t'affure que je l'ai fenti pénétrer jufqu'à mon
cœur ; un degré de ferveur de plus , n'en
doute point , je paffois à jamais dans le
féjour des bienheureux.

Eradice me tint mille autres difcours
avec un ton , avec une vivacité , qui ne
purent me laiffer douter de la réalité du
bonheur fuprême dont elle avoit joui.
J'étois fi émue , qu'à peine lui répondis-
je pour la féliciter ; mon cœur étant dans
la plus vive agitation , je l'embraffai &
je fortis.

Que de réflexions fur l'abus qui fe fait

des chofes les plus refpectables , établies
dans la fociété ! Avec quel art ce penail-
lon conduit fa pénitente à fes fins impudiques ! Il lui échauffe l'imagination fur
l'envie d'être fainte, il lui perfuade qu'on
n'y parvient qu'en détachant l'efprit de
la chair. De - là il conduit à la néceffité
d'en faire l'épreuve par une vigoureufe
difcipline: cérémonie qui étoit fans doute
un reftaurant du goût du caffard, propre
à réveiller l'élafticité ufée de fon nerf
érecteur. « Vous ne devez rien fentir,
» lui dit - il , rien voir, rien entendre ,
» fi votre contemplation eft parfaite. »
Par ce moyen il s'affure qu'elle ne tour-
nera pas la tête, qu'elle ne verra rien de
fon impudicité. Les coups de fouet qu'il
lui applique fur les feffes , attirent les
efprits dans le quartier qu'il doit atta-
quer : ils l'échauffent ; & enfin la reffource
qu'il s'eft préparée par le cordon de S.
François, qui par fon intromiffion doit

chasser tout ce qui reste d'impur dans le corps de sa pénitente, le fait jouir sans crainte des faveurs de sa docile profélyte ; elle croit tomber dans une extase divine, purement spirituelle, lorsqu'elle jouit des plaisirs de la chair les plus voluptueux.

Toute l'Europe a su l'aventure du P. Dirrag & de Mademoifelle Eradice, tout le monde en a raisonné ; mais peu de perfonnes ont connu réellement le fond de cette histoire, qui étoit devenue une affaire de parti entre le M... & le J... Je ne répéterai point ici ce qui en a été dit ; toutes les procédures vous font connues, vous avez vu les *factums*, les écrits qui ont paru de part & d'autre, & vous favez quelle en a été la fuite. Voici le peu que j'en fais par moi - même au - delà du fait dont je viens de vous rendre compte.

Mademoifelle Eradice est à - peu - près de mon âge. Elle est née à Volnot, fille d'un marchand, auprès duquel ma mere

fe logea lorfqu'elle alla s'établir dans cette
ville. Sa taille eft bien prife ; fa peau
d'une beauté finguliere , blanche à ravir :
fes cheveux étoient noirs comme jay , de
très - beaux yeux , un air de vierge. Nous
avons été amies dans l'enfance ; mais
lorfque je fus mife au couvent , je la perdis
de vue. Sa paffion dominante étoit de fe
diftinguer de fes compagnes , de faire
parler d'elle. Cette paffion , jointe à un
grand fonds de tendreffe , lui fit choifir le
parti de la dévotion , comme le plus propre à fon projet. Elle aima Dieu comme
on aime fon amant. Dans le tems que je
la trouvai , pénitente du P. Dirrag , elle
ne parloit que de méditation , de contemplation , d'oraifons ; c'étoit alors le ftyle
de la gent myftique de la ville , & même
de la province. Ses manieres modeftes lui
avoient acquis depuis long-tems la réputation d'une haute vertu. Eradice avoit
de l'efprit , mais elle ne l'appliquoit qu'à

parvenir à fatisfaire l'envie démefurée
qu'elle avoit de faire des miracles ; tout
ce qui flattoit cette paffion, devenoit
pour elle une vérité inconteftable. Tels
font les foibles humains : la paffion dominante dont chacun d'eux eft affecté ,
abforbe toujours toutes les autres : ils
n'agiffent qu'en conféquence de cette
paffion ; elle leur empêche d'appercevoir
les notions les plus claires qui devroient
fervir à la détruire.

Le P. Dirrag étoit né à Lôde. Lors de
fon aventure, il avoit environ cinquante-
trois ans ; fon vifage étoit tel que celui
que nos peintres donnent aux fatyres.
Quoiqu'exceffivement laid, il avoit quelque chofe de fpirituel dans la phyfionomie. La paillardife, l'impudicité étoient
peintes dans fes yeux: dans fes actions
il ne paroiffoit occupé que du falut des
ames & de la gloire de Dieu. Il avoit
beaucoup de talens pour la chaire ; fes

exhortations, ses discours étoient pleins de douceur, d'onction. Il avoit l'art de persuader. Né avec beaucoup d'esprit, il l'employoit tout entier à acquérir la réputation de *Convertisseur*; & en effet, un nombre considérable de femmes & de filles du monde, ont embrassé le parti de la pénitence sous sa direction.

On voit que la ressemblance des caracteres & des vues de ce Pere & de Mademoiselle Eradice suffisoit pour les unir. Aussi, dès que le premier parut à Volnot, où sa réputation étoit déjà parvenue avant lui, Eradice se jeta, pour ainsi dire, dans ses bras. A peine se connurent-ils qu'ils se regarderent mutuellement comme des sujets propres à augmenter leur gloire réciproque. Eradice étoit certainement d'abord dans la bonne-foi, mais Dirrag savoit à quoi s'en tenir : l'aimable figure de sa nouvelle pénitente l'avoit séduit ; & il entrevit qu'il séduiroit à son tour,

& tromperoit facilement un cœur flexible; tendre, rempli de préjugés, un esprit qui recevoit avec la docilité & la persuasion la plus entiere, le ridicule des insinuations & des exortations mystiques. De-là il forma son plan, tel que je l'ai peint plus haut. Les premieres branches de ce plan lui assuroient bien de l'amusement voluptueux, de la fustigation, & il y avoit quelque tems que le bon pere en usoit avec quelques autres de ses pénitentes : c'étoit jusqu'alors à quoi s'étoient bornés ses plaisirs libidineux avec elles; mais la fermeté, le contour, la blancheur des fesses d'Eradice avoient tellement échauffé son imagination, qu'il résolut de franchir le pas. Les grands hommes percent à travers les plus grands obstacles : celui-ci imagina donc l'introduction d'un morceau de cordon de S. François, relique qui, par son intromission, devoit chasser tout ce qui restoit d'impur & de charnel dans sa pénitente, & la conduire à l'extase. Ce fut alors qu'il imagina les stigmates imités de ceux de S. François. Il fit venir secrétement à Volnot une de ses anciennes pénitentes qui avoit toute sa confiance, & qui remplissoit ci - devant, avec connoissance de cause, les fonctions qu'il destinoit intérieurement à Eradice. Il trouvoit celle-ci trop jeune & trop enthousiasmée de l'envie de faire des miracles, pour aventurer de la rendre dépositaire de son secret.

La vieille pénitente arriva, & fit bientôt connoissance de dévotion avec Eradice, à qui elle tâcha d'en insinuer une particuliere pour S. François, son patron. On composa une eau qui devoit opérer des plaies imitées des stigmates; & le jeudi saint, sous le prétexte de la cene, la vieille pénitente lava les pieds d'Eradice, & y appliqua de cette eau, qui fit son effet.

Eradice confia deux jours après à la vieille, qu'elle avoit une bleſſure ſur chaque pied. Quel bonheur ! quelle gloire pour vous, s'écria celle-ci ! S. François vous a communiqué ſes ſtigmates, Dieu veut faire de vous la plus grande ſainte. Voyons ſi, comme votre grand patron, votre côté ne ſera pas ſtigmatiſé. Elle porta de ſuite la main ſous le tetton gauche d'Eradice, où elle appliqua pareillement de ſon eau ; le lendemain nouveau ſtigmate.

Eradice ne manqua pas de parler de ce miracle à ſon directeur, qui, craignant l'éclat, lui recommanda l'humilité & le ſecret. Ce fut inutilement ; la paſſion dominante de celle-ci étant la vanité de paroître ſainte, ſa joie perça : elle fit des confidences ; ſes ſtigmates firent du bruit, & toutes les pénitentes du pere voulurent être ſtigmatiſées.

Dirrag ſentit qu'il étoit néceſſaire de

soutenir sa réputation , mais en même tems de tâcher de faire une diversion qui empéchât les yeux du public de rester fixés sur la seule Eradice. Quelques autres pénitentes furent donc aussi stigmatisées par les mêmes moyens : tout réussit.

Eradice cependant se voua à S. François ; son directeur l'assura qu'il avoit lui-même la plus grande confiance en son interцession : il ajouta qu'il avoit opéré nombre de miracles par le moyen d'un grand morceau du cordon de ce saint, qu'un pere de la société lui avoit rapporté de Rome ; & qu'il avoit chassé, par la vertu de cette relique, le diable du corps de plusieurs démoniaques, en l'introduisant dans leur bouche ou dans quelqu'autre conduit de la nature , suivant l'exigence des cas. Il lui montra enfin ce prétendu cordon , qui n'étoit autre chose qu'un assez gros morceau de corde de huit pouces de longueur, enduit d'un mas-

tique

tique qui le rendoit dur & uni. Il étoit recouvert proprement d'un étui de velours cramoifi, qui lui fervoit de fourreau ; en un mot, c'étoit un de ces meubles de religieufes que l'on nomme *Godemichi.* Sans doute que Dirrag tehoit ce préfent de quelque vieille Abbeffe, de qui il l'avoit exigé. Quoi qu'il en foit, Eradice eut bien de la peine d'obtenir la permiffion de baifer humblement cette relique, que le pere affuroit ne pouvoir être touchée fans crime par des mains profanes.

Ce fut ainfi, mon cher Comte, que le P. Dirrag conduifit par degré fa nouvelle pénitente à fouffrir pendant plufieurs mois fes impudiques embraffemens, lorfqu'elle ne croyoit jouir que d'un bonheur purement fpirituel & célefte.

C'eft d'elle que j'ai fu toutes ces circonftances, quelque tems après le jugement de fon procès. Elle me confia que ce fut un certain Moine (qui a joué un

grand rôle dans cette affaire) qui lui def-
filla les yeux. Il étoit jeune, beau, bien
fait, paffionnément amoureux d'elle,
ami de fon pere & de fa mere, chez qui
ils mangeoient fouvent enfemble. Il s'at-
tira fa confiance ; il démafqua l'impudi-
que Dirrag ; & je compris fenfiblement,
à travers de tout ce qu'elle me dit, qu'elle
fe livra alors de bonne - foi aux embraffemens du luxurieux Moine : j'entrevis
même que celui - ci n'avoit pas démenti
la réputation de fon ordre, & par une
heureufe conformation comme par des
leçons redoublées, il dédommagea am-
plement fa nouvelle profélyte du facrifice
qu'elle lui fit des fupercheries hebdoma-
daires de fon vieux Druide.

Dès qu'Eradice eut connu l'illufion du
feint cordon de Dirrag, par l'application
aimable du membre naturel du Moine,
l'élégance de cette démonftration lui fit
fentir qu'elle avoit été groffiérement du-

pée. Sa vanité se trouva blessée, & la vengeance la porta à tous les excès que vous avez connu, de concert avec le fier Moine, qui, outre l'esprit de parti qui l'animoit, étoit encore jaloux des faveurs que Dirrag avoit surprises à son amante. Ses charmes étoient un bien qu'il croyoit créé pour lui seul ; c'étoit un vol manifeste qu'il prétendoit lui avoir été fait, dont il se flattoit d'obtenir une punition exemplaire ; la grillade seule de son rival, qu'il méditoit, pouvoit assouvir son ressentiment & sa vengeance.

J'ai dit que lorsque le P. Dirrag fut sorti de la chambre de Mademoiselle Eradice, je me retirai chez moi. Dès que je fus rentrée dans ma chambre, je me prosternai à genoux, pour demander à Dieu la grace d'être traitée comme mon amie. Mon esprit étoit dans une agitation qui approchoit de la fureur, un feu intérieur me dévoroit. Tantôt assise, tantôt debout, fouvent à genoux ; je ne trouvois aucune place qui pût me fixer. Je me jetai fur mon lit. L'entrée de ce membre rubicond dans la partie de Mademoifelle Eradice, ne pouvoit fortir de mon imagination fans que j'y attachaffe cependant aucune idée diftincte de plaifir, & encore moins de crime. Je tombai enfin dans une rêverie profonde, pendant laquelle il me fembla que ce même membre, détaché de tout autre objet, faifoit fon entrée dans moi par la même voie, Machinalement je me plaçai dans la même attitude que celle où j'avois vu Eradice, & machinalement encore, dans l'agitation qui me faifoit mouvoir, je me coulai fur le ventre jufqu'à la colonne du pied de mon lit, laquelle fe trouvant paffée entre mes jambes & mes cuiffes, m'arrêta, & fervit de point d'appui à la partie où je fentois une démangeaifon inconcevable. Le coup qu'elle reçut par la

colonne qui la fixa, me causa une légere
douleur, qui me tira de ma rêverie sans
diminuer l'excès de ma démangeaison. La
position où j'étois exigeoit que je levasse
mon derriere pour tâcher d'en sortir ; de
ce mouvement que je fis en remontant &
coulant ma *Moniche* le long de la colonne,
il résulta un frottement qui me causa un
chatouillement extraordinaire. Je fis un
second mouvement, puis un troisieme,
&c. qui eurent une augmentation de succès : tout-à-coup j'entrai dans un redou-
blement de fureur ; sans quitter ma situation, sans faire aucune espece de réflexion, je me mis à remuer le derriere avec
une agilité incroyable, glissant toujours
le long de la salutaire colonne. Bientôt
un excès de plaisir me transporta, je perdis connoissance, je me pâmai & m'en-
dormis d'un profond sommeil.

Au bout de deux heures je m'éveillai,
toujours ma chere colonne entre mes

cuisses, couchée sur mon ventre, mes fesses découvertes. Cette posture me surprit ; je ne me souvenois de ce qui s'étoit passé, que comme on se rappelle le tableau d'un songe. Cependant me trouvant plus tranquille, l'évacuation de la céleste rosée me laissant l'esprit plus libre, je fis quelques réflexions sur tout ce que j'avois vu chez Eradice, & sur ce qui venoit de se passer dans moi, sans en pouvoir tirer aucune conclusion raisonnable. La partie qui avoit été frottée le long de la colonne, ainsi que l'intérieur du haut de mes cuisses qui l'avoit embrassée, me faisoient un mal cruel : j'osai y regarder malgré les défenses qui m'avoient été faites par mon ancien directeur du couvent ; mais jamais je n'osai me déterminer à y porter la main, cela m'avoit été trop expressément interdit.

Comme je finissois cet examen, la servante de ma mere vint m'avertir que Ma-

dame C... & Monsieur l'Abbé T... étoient au logis, où ils devoient dîner, & que ma mere m'ordonnoit de descendre pour leur faire compagnie : je les joignis.

Il y avoit quelque tems que je n'avois vu Madame C... Quoiqu'elle eut bien des bontés pour ma mere, à qui elle avoit rendu de grands services, & qu'elle eut la réputation d'une femme très-pieuse, son éloignement marqué pour les maximes du P. Dirrag, pour ses exortations mystiques, m'avoient fait cesser de la fréquenter, afin de ne pas déplaire à mon directeur : il n'étoit pas traitable sur l'article, & ne vouloit point que son troupeau se confondît avec celui des autres directeurs ses concurrens ; il craignoit sans doute les confidences, les éclaircissemens : enfin c'étoit une condition préalable, très - recommandée par sa révérence, & très - exactement observée par tout ce qui formoit son troupeau.

Cependant nous nous mîmes à table.

Le dîner fut gai. Je me sentois beaucoup mieux que de coutume : ma langueur avoit fait place à la vivacité : de maux de reins, je me trouvois toute autre. Contre l'ordinaire des repas de prêtres & de dévotes, on ne médit point de son prochain à celui-ci. L'Abbé T... qui a beaucoup d'esprit & encore plus d'acquis, nous fit mille jolis petits contes, qui, sans intéresser la réputation de personne, porterent la joie dans les cœurs des convives.

Après avoir bu du Champagne & pris le café, ma mere me tira en particulier pour me faire de vifs reproches sur le peu d'attention que j'avois eue depuis quelque tems à cultiver l'amitié & les bonnes graces de Madame C... C'est une dame aimable, me dit-elle, à qui je dois le peu de considération dont je jouis dans cette ville : sa vertu, son esprit, ses lumieres

la font eftimer & refpecter de toutes les
perfonnes qui la connoiffent : nous avons
befoin de fon appui ; je defire & je vous
ordonne, ma fille, de contribuer de tous
vos efforts à l'engager de nous le confer-
ver. Je répondis à ma mere qu'elle ne devoit pas douter de ma foumiffion aveugle
à fes volontés. Hélas ! la pauvre femme ne
foupçonnoit guere la nature des leçons
que je devois recevoir de cette dame qui
jouiffoit en effet de la plus haute réputation.

Nous rejoignîmes, ma mere & moi, la
compagnie. Un inftant après , je m'ap-
prochai de Madame C... à qui je fis mes
excufes fur mon peu d'exactitude à lui
rendre mes devoirs ; je la priai de me per-
mettre de réparer cette faute : j'effayai
même d'entrer dans le détail des raifons
qui me l'avoient fait commettre : mais
Madame C... m'interrompit, fans me per-
mettre d'achever. Je fais, me dit-elle avec

bonté, tout ce que vous voulez me dire ; n'entrons pas en matiere fur des fujets qui ne font point de notre reffort : chacun croit avoir fes raifons, peut-être font-elles bonnes : ce qui eft certain, c'eft que je vous verrai toujours avec grand plaifir ; & pour commencer à vous en convaincre, ajouta - t - elle en levant la voix, je vous emmene fouper ce foir avec moi. Vous le voulez bien, dit-elle à ma mere ? A condition que vous ferez de la partie avec M. l'Abbé : vous avez l'un & l'autre vos affaires, nous vous y laifferons vaquer. Pour moi je vais me promener avec Mademoifelle Thérefe ; vous favez l'heure & le lieu du rendez - vous. Ma mere fut enchantée ; les maximes du P. Dirrag n'étoient point du tout de fon goût ; elle fe flatta que les confeils de Madame C... changeroient mes difpofitions pour le quiétifme dont on le foupçonnoit ; peut-être même agiffoient - elles de concert.

Quoi qu'il en soit, elles réuſſirent bientôt au-delà de leurs eſpérances.

Nous ſortîmes donc, Madame C... & moi. Mais je n'eus pas fait cent pas, que la douleur que je reſſentois devint ſi vive, que j'avois peine à me ſoutenir. Je faiſois des contorſions horribles ; Madame C... s'en apperçut. Qu'avez-vous, me dit-elle, ma chere Thérese ? il ſemble que vous vous trouviez mal. J'eus beau dire que ce n'étoit rien, les femmes ſont naturelle-ment curieuſes, elle me fit mille queſtions qui me jeterent dans un embarras qui ne lui échappa point. Seriez - vous, me dit-elle, du nombre de nos fameuſes ſtigma-tiſées ? Vos pieds ont peine à vous porter, & vous êtes toute décontenancée. Venez, mon enfant, dans le jardin où vous pour-rez vous tranquilliſer : nous en étions peu éloignées. Dès que nous y fûmes rendues, nous nous aſsîmes dans un petit cabinet charmant, qui eſt ſur le bord de la mer.

Après quelques difcours vagues, Madame C... me demanda de nouveau, fi effectivement j'avois des ftigmates, & comment je me trouvois de la direction du P. Dirrag. Je ne puis vous cacher, ajouta-t-elle, que je fuis fi étonnée de ce genre de miracle, que je defire ardemment de voir par moi-même, s'il exifte en effet : allons, ma chere petite, dit-elle, ne me cachez rien, expliquez-moi de quelle maniere & quand ces plaies ont paru, vous devez être affurée que je n'abuferai pas de votre confiance, & je penfe que vous me connoiffez affez pour n'en pas douter.

Si les femmes font curieufes, les femmes aiment auffi à parler : j'avois un peu ce dernier défaut ; d'ailleurs quelques verres de vin de Champagne m'avoient échauffé la tête, je fouffrois beaucoup, il n'en falloit pas tant pour me déterminer à tout dire. Je répondis d'abord tout naturellement à Madame C... que je n'avois

pas

pas le bonheur d'être du nombre de ces élues du Seigneur, mais que ce même matin j'avois vu les ſtigmates de Mademoiſelle Eradice, & que le très-révérend P. Dirrag les avoit viſitées en ma préſence. Nouvelles queſtions empreſſées de la part de Madame C... qui, de fil en aiguille, de circonſtances en circonſtances, m'engagea inſenſiblement à lui rendre compte, non-ſeulement de ce que j'avois vu chez Eradice, mais encore de ce qui m'étoit arrivé dans ma chambre, & des douleurs qui en réſultoient.

Pendant tout ce narré ſingulier, Madame C... eut la prudence de ne pas témoigner la moindre ſurpriſe : elle faiſoit tout pour m'engager à tout dire. Lorſque je me trouvois embarraſſée ſur les termes qui me manquoient pour expliquer les idées de ce que j'avois vu, elle exigeoit de moi des deſcriptions, dont la laſciveté devoit beaucoup la réjouir dans la bouche d'une fille de mon âge , & auffi fimple que je l'étois. Jamais peut-être tant d'infamies n'ont été dites & ouies avec autant de gravité.

Dès que j'eus fini de parler, Madame C... parut plongée dans de férieufes réflexions ; elle ne répondit que par monofyllables à quelques queftions que je lui propofai. Revenue à elle-même , elle me dit que tout ce qu'elle venoit d'entendre avoit quelque chofe de bien fingulier , qui méritoit beaucoup d'attention ; qu'en attendant qu'elle pût m'apprendre ce qu'elle en penfoit & quel étoit le parti qu'il convenoit que je priffe , je devois d'abord fonger à foulager la douleur que je reffentois , en baffinant avec du vin chaud les parties qui avoient été meurtries par le frottement de la colonne de mon lit. Gardez-vous bien , me dit-elle , ma chere enfant, de rien dire à votre mere , ni à qui que ce puiffe être , & encore moins au P. Dirrag, de ce que vous venez de me confier. Il y a dans tout ceci du bien & du mal. Rendez - vous chez moi demain vers les neuf heures du matin, je vous en dirai davantage ; comptez fur mon amitié, l'excellence de votre cœur & de votre caractere vous l'ont entiérement acquife. Je vois votre mere qui s'avance ; allons au - devant d'elle & parlons de toute autre chofe.

M. l'Abbé T... entra un quart-d'heure après. On foupe de bonne heure en province, il étoit alors fept heures & demie ; on fervit, nous nous mîmes à table.

Pendant le fouper, Madame C... ne put s'empêcher de lâcher quelques traits fati-riques fur le P. Dirrag : l'Abbé en parut furpris, il l'en blâma avec délicateffe. Pourquoi, pourfuivit - il, ne pas laiffer tenir à chacun la conduite qui lui con-vient, pourvu qu'elle n'ait rien de con-traire à l'ordre établi ? Jufqu'à préfent nous ne voyons rien du P. Dirrag qui s'en éloigne ; permettez-moi donc, Madame, de n'être pas de votre avis, jusqu'à ce que des événemens justifient les idées que vous voulez me donner de ce pere. Madame C... pour ne pas être obligée de répondre, changea adroitement le sujet de conversation. On quitta la table vers les dix heures : Madame C... dit quelque chose à l'oreille de M. l'Abbé, qui sortit avec ma mere & moi, & nous reconduisit chez nous.

Comme il est juste, mon cher Comte, que vous sachiez ce que c'est que Madame C... & M. l'Abbé T... je pense qu'il est tems de vous en donner une idée.

Madame C... est née Demoiselle. Ses parens l'avoient contrainte d'épouser à quinze ans un vieil Officier de marine, qui en avoit soixante. Celui-ci mourut cinq ans après son mariage, & laissa Madame C... enceinte d'un garçon, qui en venant au monde faillit à faire perdre la vie à celle qui lui donnoit le jour. Cet enfant mourut au bout de trois mois, & Madame C... se trouva par cette mort héritiere d'un bien assez considérable. Veuve, jolie, maîtresse d'elle-même à l'âge de vingt ans, elle fut bientôt recherchée de tous les épouseurs de la province ; mais elle s'expliqua si positivement sur le dessein où elle étoit de ne jamais courir les risques dont elle étoit échappée comme miraculeusement, en mettant au monde son premier enfant, que même les plus empressés abandonnerent la partie.

Madame C... avoit beaucoup d'esprit ; elle étoit ferme dans ses sentimens, qu'elle n'adoptoit qu'après les avoir mûrement examinés. Elle lisoit beaucoup & aimoit à s'entretenir sur les matieres les plus abstraites. Sa conduite étoit sans reproches. Amie essentielle, elle rendoit service dès qu'elle le pouvoit. Ma mere en avoit fait d'utiles expériences. Elle avoit alors vingt-six ans ; j'aurai occasion par la suite de vous faire le portrait de sa personne.

M. l'Abbé T... ami particulier & en même tems directeur de conscience de Madame C... étoit un homme d'un vrai mérite. Il étoit âgé de quarante-quatre à quarante-cinq ans : petit, mais bien fait, une physionomie ouverte, spirituelle, soigneux observateur des bienséances de son état, aimé & recherché de la bonne compagnie, dont il faisoit les délices. A beaucoup d'esprit il joignoit des connoissances étendues. Ses bonnes qualités généralement reconnues, lui avoient fait obtenir le poste qu'il remplissoit, & que je dois taire ici. Il étoit le Confesseur & l'ami des gens de mérite de l'un & de l'autre sexe, comme le P. Dirrag l'étoit des dévotes de profession, des enthousiastes, des quiétistes & des fanatiques.

Je retournai le lendemain matin chez

Madame C... à l'heure convenue. Eh bien, ma chere Thérese, me dit-elle en entrant, comment vont vos pauvres petites parties affligées ? Avez - vous bien dormi? Tout se porte mieux, Madame, lui dis-je, j'ai fait ce que vous m'avez prescrit. Tout a été bien bassiné, cela m'a soulagé; mais j'espere au moins de n'avoir pas offensé Dieu. Madame C... sourit, & après m'avoir fait prendre du café, ce que vous m'avez confié hier, me dit-elle, est de plus grande conséquence que vous ne pensez. J'ai cru devoir en parler à M. T... qui vous attend actuellement à son confessionnal. J'exige de vous que vous alliez le trouver, & que vous lui répétiez mot à mot tout ce que vous m'avez dit. C'est un honnête homme & de bon conseil, vous en avez besoin. Je pense qu'il vous prescrira une nouvelle façon de vous conduire, qui est nécessaire à votre salut & à votre santé. Votre mere mourroit de chagrin, si elle apprenoit ce que je fais ; car je ne puis vous cacher qu'il y a des horreurs dans ce que vous avez vu chez Mademoiselle Eradice. Allez, Thérèse, partez & donnez une confiance entiere à M. T... vous n'aurez pas lieu de vous en repentir.

Je me mis à pleurer, & je sortis toute tremblante pour aller trouver M. T... qu entra dans son confessionnal dès qu'il m'apperçut.

Je ne cachois rien à M. T... qui m'écouta attentivement jusqu'au bout, sans m'interrompre que pour me demander de certaines explications sur les détails qu'il ne comprenoit pas. Vous venez, me dit-il, de m'apprendre des choses étonnantes, le P. Dirrag est un fourbe, est un malheureux qui se laisse emporter à la force de ses passions ; il marche à sa perte, & il entraînera celle de Mademoiselle Eradice : néanmoins, Mademoiselle, il faut

les plaindre plutôt que de les blâmer.
Nous ne fommes pas toujours maîtres de
réfifter à la tentation ; le bonheur & le
malheur de notre vie fe décide fouvent
par les occafions. Soyez donc attentive à
les éviter : ceffez de voir le P. Dirrag &
toutes fes pénitentes, fans parler mal des
uns ni des autres ; la charité le veut ainfi.
Fréquentez Madame C... elle a pris de
l'amitié pour vous, elle ne vous donnera
que de bons confeils & de bons exem-
ples à fuivre.

  Parlons préfentement, mon enfant, de
ces chatouillemens exceffifs que vous
fentez fouvent dans cette partie qui a
frotté à la colonne de votre lit : ce font
des befoins de tempérament auffi naturels
que ceux de la faim & de la foif : il ne faut
ni les rechercher ni les exciter ; mais dès
que vous vous en fentirez vivement pref-
fée, il n'y a nul inconvénient à vous fervir de votre main, de votre doigt pour

foulager cette partie, par le frottement
qui lui eft alors néceffaire. Je vous dé-
fends cependant expreffément d'introduire votre doigt dans l'intérieur de l'ouverture qui s'y trouve ; il fuffit, quant à
préfent, que vous fachiez que cela pourroit vous faire tort un jour dans l'efprit
du mari que vous épouferez. Au refte,
comme ceci, je vous le répete, eft un
befoin que les loix immuables de la nature
excitent en nous, c'eft auffi des mains de
la nature que nous tenons le remede que
je vous indique pour foulager ce befoin.
Or, comme nous fommes affurés que la
loi naturelle eft d'inftitution divine, comment oferions-nous craindre d'offenfer
Dieu, en foulageant nos befoins par des
moyens qu'il a mis dans nous, qui font
fon ouvrage, fur-tout lorfque ces moyens
ne troublent point l'ordre établi dans la
fociété. Il n'en eft pas de même, ma chere
fille, de ce qui s'eft paffé entre le P. Dirrag

& Mademoiselle Eradice : ce pere a trompé
sa pénitente, a risqué de la rendre mere,
en substituant à la place du feint cordon
de S. François le membre naturel de
l'homme, qui sert à la génération. Par-là
il a péché contre la loi naturelle qui nous
prescrit d'aimer notre prochain comme
nous-mêmes. Est-ce aimer son prochain,
que de mettre, comme il l'a fait, Mademoiselle Eradice dans le hasard d'être
perdue de réputation & déshonorée pour
toute sa vie ? L'introduction, ma chere
enfant, & les mouvemens que vous avez
vus de ce membre du pere dans la partie
naturelle de sa pénitente, qui est le méchanique de la fabrique du genre humain,
n'est permise que dans l'état du mariage :
dans celui de fille, cette action peut nuire
à la tranquillité des familles, & troubler
l'intérêt public, qu'il faut toujours res-
pecter. Ainsi, tant que vous ne serez pas
liée par le sacrement du mariage, gardez-

vous bien de souffrir d'aucun homme une pareille opération, en quelque forte d'attitude que ce puisse être. Je vous ai indiqué un remede qui modérera l'excès de vos desirs, & qui tempérera le feu qui les excite. Ce même remede contribuera bientôt au rétablissement de votre santé chancelante, & vous rendra votre embonpoint. Votre figure aimable ne manquera pas de vous attirer alors des amans qui chercheront à vous séduire. Soyez bien sur vos gardes, & ne perdez point de vue les leçons que je vous donne. C'en est assez pour aujourd'hui, ajouta ce sensé directeur ; vous me trouverez ici dans huit jours à la même heure. Souvenez-vous au moins que tout ce qui se dit dans le tribunal de la pénitence, doit être aussi sacré pour le pénitent que pour son Confesseur, & que c'est un péché énorme d'en révéler la moindre circonstance à personne.

Les préceptes de mon nouveau directeur avoient charmé mon ame ; j'y voyois un air de vérité , une sorte de démonstration soutenue , un principe de charité qui me faisoit sentir le ridicule de ce que j'avois oui jusqu'alors.

Après avoir passé la journée à réfléchir, le soir avant de me coucher , je me préparai à bassiner les parties meurtries : tranquille sur les regards & sur les attouchemens , je me troussai ; & m'étant assise sur le bord du lit , j'écartai les cuisses de mon mieux & m'attachai à examiner attentivement cette partie qui nous fait femmes ; j'en entr'ouvrois les levres . & cherchant avec le doigt l'ouverture par laquelle le P. Dirrag avoit pu enfiler Eradice avec un si gros instrument , je la découvris , sans pouvoir me persuader que ce fût elle : sa petitesse me tenoit dans l'incertitude , & je tentois d'y introduire le doigt , lorsque je me souvins de la défense de M. T... Je le retirai avec promp-

titude, en remontant le long de la fente.
Une petite éminence que j'y rencontrai
me causa un treffaillement ; je m'y arrê-
tai, je frottai , & bientôt j'arrivai au
comble du plaifir. Quelle heureufe découverte ! Source abondante de la liqueur
qui en eft le principe !

Je nageai pendant près de fix mois dans
un torrent de volupté , fans qu'il m'arri-
vât rien qui mérite ici fa place.

Ma fanté s'étoit entiérement rétablie :
ma confcience étoit tranquille par les
foins de mon nouveau directeur , qui me
donnoit des confeils fages & combinés
avec les paffions humaines : je le voyois
réguliérement tous les lundis dans le con-
feffionnal & tous les jours chez Madame
C... Je ne quittois plus cette aimable
femme : les ténebres de mon efprit fe
diffipoient : peu à peu je m'accoutumois à
penfer, à raifonner conféquemment. Plus
de P. Dirrag pour moi, plus d'Eradice.

Que l'exemple & les préceptes font grands maîtres pour former le cœur & l'esprit ! S'il est vrai qu'ils ne nous donnent rien, & que chacun ait en soit les germes de tout ce dont il est capable, il est certain du moins qu'ils servent à développer ces germes, & à nous faire appercevoir les idées, les sentimens dont nous sommes susceptibles, & qui, sans l'exemple, sans les leçons, resteroient enfouis dans leurs entraves & dans leurs enveloppes.

Cependant ma mere continuoit son commerce en gros, qui réussissoit mal ; on lui devoit beaucoup, elle étoit à la veille d'essuyer une banqueroute de la part d'un Négociant de Paris, capable de la ruiner. Après s'être consultée, elle se détermina à faire un voyage dans cette superbe ville. Cette tendre mere m'aimoit trop pour me perdre de vue pendant un espace de tems qui pouvoit être fort long,

il fut réfolu que je l'accompagnerois.
Hélas ! la pauvre femme ne prévoyoit
guere qu'elle y finiroit fes triftes jours &
que je retrouverois dans les bras de mon
cher Comte la fource du bonheur des
miens.

Il fut déterminé que nous partirions
dans un mois : tems que j'allai paffer avec
Madame C... à fa maifon de campagne,
éloignée d'une petite lieue de la ville.
Monfieur l'Abbé y venoit réguliérement
tous les jours & y couchoit, lorfque fes
devoirs le lui permettoient. L'un & l'autre m'accabloient de careffes : on ne craignoit plus de tenir devant moi des propos
affez libres, de parler de matieres de morale, de religion, de fujets métaphyfiques,
dans un goût bien différent des principes
que j'avois reçus. Je m'appercevois que
Madame C... étoit contente de ma façon
de penfer & de raifonner, & qu'elle fe
faifoit un plaifir de me conduire, de con-

féquence en conféquence, à des preuves claires & évidentes. Quelquefois feulement j'avois le chagrin de remarquer que M. l'Abbé T... lui faifoit figne de ne pas pouffer fes raifonnemens fur certaines matieres. Cette découverte m'humilia ; je réfolus de tout tenter pour être inftruite de ce que l'on vouloit me cacher. Je n'avois pas jufqu'alors formé le moindre foupçon fur la tendreffe mutuelle qui les uniffoit. Bientôt je n'eus plus rien à defirer, comme vous allez l'entendre.

Vous verrez, mon cher Comte, quelle eft la fource d'où j'ai puifé les principes de morale & de métaphyfique que vous avez fi bien cultivés ; & qui en m'éclairant fur ce que nous fommes dans ce monde comme fur ce que nous avons à craindre de l'autre, affurent la tranquillité d'une vie dont vous faites tout le plaifir.

Nous étions alors dans les plus beaux

jours de l'été ; Madame C... se levoit ordinairement vers les cinq heures du matin
pour aller se promener dans un petit bosquet au bout du jardin. J'avois remarqué
que l'Abbé T... s'y rendoit aussi lorsqu'il
couchoit à la campagne ; qu'au bout d'une
heure ou deux ils rentroient ensemble
dans l'appartement où couchoit Madame
C... & qu'ensuite l'un & l'autre ne paroissoient dans la maison que vers les huit
à neuf heures.

Je résolus de les prévenir dans le bosquet, & de m'y cacher de maniere à pouvoir les entendre. Comme je n'avois pas
l'ombre du soupçon de leurs amours, je
ne prévoyois point du tout ce que je per-
drois en ne les voyant pas. Je fus donc
reconnoître le terrein, & m'assurer une
place commode à mon projet.

Le soir en soupant, la conversation
tomba sur les opérations & les produc-
tions de la nature ; mais qu'est-ce donc

que cette nature, dit Madame C...? Eſt-
ce un Etre particulier? Tout ne ſeroit-il
pas produit par Dieu? Seroit - elle une
Divinité ſubalterne? En vérité, vous n'ê-
tes pas raiſonnable de parler ainſi, répliqua vivement l'Abbé T... en lui faiſant
un clin-d'œil. Je vous promets, dit - il,
dans notre promenade , demain matin,
de vous expliquer l'idée que l'on doit
avoir de cette mere commune du genre
humain : il eſt trop tard pour toucher cette
matiere. Ne voyez - vous pas qu'elle ac-
cableroit d'ennui Mademoiſelle Thérese ,
qui tombe de ſommeil? Si vous voulez
m'en croire l'une & l'autre , allons nous
coucher ; je vais finir mes heures , &
ſuivrai de près votre exemple. Le conſeil
de l'Abbé fut rempli ; chacun ſe retira
dans ſon appartement.

Le lendemain dès la pointe du jour ,
j'allai me camper dans mon embuſcade. Je
me plaçai dans les brouſſailles qui étoient

derriere une espece de bosquet de char-
mille, orné de bancs de bois peints en
verd & de quelques statues. Après une
heure d'impatience, mes héros arriverent
& s'assirent précisément sur le banc derriere lequel je m'étois gîtée. Oui, en vérité, disoit l'Abbé en entrant, elle devient tous les jours plus jolie ; ses tettons
sont grossis au point de remplir fort bien
la main d'un honnête Ecclésiastique ; ses
yeux ont une vivacité qui ne dément pas
le feu de son tempérament : car elle en a
tout au plus fort, la petite frippone de
Thérese. Imagine-toi qu'en profitant de
la permission que je lui ai donnée de se
soulager avec le doigt, elle le fait au
moins une fois tous les jours. Avoue que
je suis aussi bon médecin que docile confesseur ; je lui ai guéri le corps & l'esprit. Mais, Abbé, reprit Madame C...,
auras-tu bientôt fini avec ta Thérese ?
Sommes-nous venus ici pour nous en-

tretenir uniquement de fes beaux yeux, de fon tempérament ? Je foupçonne, Monfieur l'égrillard, que vous auriez bien envie de lui éviter la peine qu'elle prend de s'appliquer elle - même votre recette. Au refte, tu fais que je fuis bonne prin- ceffe, & j'y confentirois volontiers fi je n'en prévoyois pas le danger pour toi. Thérefe a de l'efprit, mais elle eft trop jeune & n'a pas affez d'ufage du monde pour ofer s'y confier. Je remarque que fa curiofité eft fans égale. Il y a de quoi faire par la fuite un très-bon fujet ; & fans les inconvéniens dont je viens de parler, je n'héfiterois pas à te propofer à la mettre de tiers dans nos plaifirs ; car convenons qu'il y a bien de la folie à être jaloux ou envieux du bonheur de fes amis, dès que leur félicité n'ôte rien à la nôtre. Vous avez bien raifon, Madame, dit l'Abbé : ce font deux paffions qui tourmentent en pure perte tous ceux qui ne font pas nés

pour ſavoir penſer. Il faut diſtinguer ce‑
pendant l'envie de la jalouſie. L'envie eſt
une paſſion innée dans l'homme ; elle fait
partie de ſon eſſence : les enfans au ber‑
ceau ſont envieux de ce qu'on donne à
leurs ſemblables. Il n'y a que l'éducation
qui puiſſe modérer les effets de cette paſ‑
ſion que nous tenons des mains de la na‑
ture. Mais il n'en eſt pas de même de la
jalouſie conſidérée par rapport aux plai‑
ſirs de l'amour. Cette paſſion eſt l'effet
de notre amour ‑ propre & du préjugé.
Nous connoiſſons des nations entieres où
les hommes offrent à leurs convives la
jouiſſance de leurs femmes, comme nous
offrons aux nôtres le plus excellent vin de
notre cave. Un de ces inſulaires careſſe
l'amant qui jouit des embraſſemens de ſa
femme : ſes compatriotes l'applaudiſſent,
le félicitent. Un François en même cas,
fait la moue, chacun le montre au doigt
& ſe moque de lui. Uu Perſan poiguarde

l'amant & la maîtresse ; tout le monde applaudit à ce double assassinat.

Il est donc évident que la jalousie n'est pas une passion que nous tenions de la Nature ; c'est l'éducation, c'est le préjugé du pays qui la fait naître. Dès l'enfance, une fille à Paris lit, entend dire qu'il est humiliant d'essuyer une infidélité de son amant : on assure à un jeune homme qu'une maîtresse, qu'une femme infidelle blesse l'amour-propre, déshonore l'amant ou le mari. De ces principes sucés, pour ainsi dire, avec le lait, naît la jalousie, ce monstre qui tourmente les humains en pure perte pour un mal qui n'a rien de réel.

Distinguons néanmoins l'inconstance de l'infidélité. J'aime une femme dont je suis aimée : son caractere sympathise avec le mien ; sa figure, sa jouissance fait mon bonheur ; elle me quitte : ici la douleur n'est plus l'effet du préjugé, elle est raisonnable, je perds un bien effectif, un plaisir d'habitude que je ne suis pas certain de ·pouvoir réparer avec tous ces agrémens : mais une infidélité passagere, qui n'est que l'ouvrage du plaisir, du tempérament, quelquefois celui de la reconnoissance ou d'un cœur tendre & sensible à la peine ou au plaisir d'autrui, quel inconvénient en résulteroit-il ? En vérité, quoi qu'on dise, il faut être peu sensé que de s'inquiéter de ce qu'on nomme à juste titre, *un coup d'épée d'ans l'eau*, d'une chose qui ne nous fait ni bien ni mal.

Oh ! je vous vois venir, dit Madame C.... en interrompant l'Abbé T... ceci m'annonce tout doucement que, par bon cœur, ou pour faire plaisir à Thérese, vous feriez homme à lui donner une petite leçon de volupté, un petit clystere aimable, qui, selon vous, ne me feroit ni bien ni mal. Va, mon cher Abbé, continua-t-elle, j'y consens avec joie : je vous aime tous deux ; vous gagnerez l'un

& l'autre par cette épreuve , à laquelle je
ne perdrai rien : pourquoi m'y oppofe-
rois-je ? fi je m'en inquiétois , tu conclu-
rois avec raifon que je n'aime que moi ,
que ma fatisfaction particuliere , qu'à
l'augmenrer aux dépens même de celle
que tu peux goûter ailleurs ; & c'eft ce
qui n'eft point : je fais faire mon bonheur
indiftinctement de tout ce qui peut contribuer à augmenter le tien. Ainfi tu
peux, mon cher ami , fans craindre de
me défobliger , houfpiller de ton mieux
la moniche de Thérefe , cela fera grand
bien à cette pauvre fille ; mais , je te le
répete , prends garde à l'imprudence....
Quelle folie , reprit l'Abbé ! je vous jure
que je ne penfe point à Thérefe. J'ai
voulu fimplement vous expliquer le méchanifme par lequel la nature... Eh bien !
n'en parlons plus , répliqua Madame C...
Mais à propos de *Nature*, tu oublies , ce
me femble , la promeffe que tu m'avois

faite, de me définir ce que c'est que cette bonne mere. Voyons un peu comment tu te tireras de cette démonstration, car tu prétends que tu démontres tout.

Je le veux, répondit l'Abbé ; mais ma petite mere, tu fais ce qu'il me faut auparavant ; je ne vaux rien quand je n'ai pas fait la besogne qui affecte le plus vivement mon imagination. Les autres idées ne font pas nettes, & fe trouvent toujours abforbées, confondues par celleci. Je t'ai déjà dit que lorfqu'à Paris je m'occupois prefque uniquement de la lecture & des fciences les plus abftraites, dès que je fentois l'aiguillon de la chair me tracaffer, j'avois une petite fille *ad hoc*, comme on a un pot-de-chambre pour piffer, à qui je faifois une ou deux fois la groffe befogne, dont il vous plaît de ne vouloir pas tâter de ma façon. Alors, l'efprit tranquille, les idées nettes, je me mettois au travail ; & je foutiens que tout homme de lettres, tout homme de cabinet qui a un peu de tempérament, doit ufer de ce remede, auffi néceffaire à la fanté du corps qu'à celle de l'efprit. Je dis plus: je prétends que tout honnête homme qui connoît les devoirs de la fociété, devroit en faire ufage, afin de s'affurer de n'être point excité trop vivement à s'écarter de ces endroits en débauchant la femme, ou la fœur, ou la fille de fes amis ou de fes voifins.

Préfentement, vous me demanderez, peut-être, Madame, continua l'Abbé, comment doivent donc faire' les femmes & les filles ? elles ont, dites-vous, leurs befoins comme les hommes, elles font de même pâte: cependant elles ne peuvent pas fe fervir des mêmes reffources : le point d'honneur, la crainte d'un indifcret, d'un mal - adroit, d'un faifeur d'enfant, ne leur permet pas d'avoir recours au même remede que les hommes. D'ailleurs, ajouterez - vous, où en trouver de ces hommes tout prêts, comme l'étoit votre petite fille *ad hoc?* Eh bien! Madame, continua T. . que les femmes & les filles faffent comme Thérese & vous; fi ce jeu ne leur plaît pas, (comme en effet il ne plaît pas à toutes) qu'elles fe fervent de ces ingénieux inftrumens nommés *Gode-michi;* c'eft une imitation affez naturelle de la réalité. Joignez à cela que l'on peut s'aider de l'imagination. Au bout du compte, je le répete, les hommes & les femmes ne doivent fe procurer que les plaifirs qui ne peuvent pas troubler l'in-térieur de la fociété établie. Les femmes ne doivent donc jouir que de ceux qui leur conviennent, eu égard aux devoirs que cet établiffement leur impofe. Vous aurez beau vous récrier à l'injuftice, ce que vous regardez comme injuftice par-ticuliere affure le bien général, que per-fonne ne doit tenter d'enfreindre. Oh! je

vous tiens, M. l'Abbé, répliqua Madame
C.. vous venez de me dire présentement
qu'il ne faut pas qu'une femme, qu'une
fille, se laissent faire ce que vous savez
par les hommes ni qu'un honnête homme
trouble l'intérêt public en cherchant à les
séduire: tandis que vous-même. Monsieur
le pillard. m'avez tourmentée cent fois
pour me mettre dans ce cas. & qu'il y
a long-tems que ce seroit une besogne
faite sans la crainte insurmontable que
j'ai toujours eue de devenir grosse: vous
n'avez donc pas craint, pour satisfaire
votre plaisir particulier d'agir contre
l'intérêt général que vous prenez si fort.
Bon! nous y voilà encore. reprit l'Abbé,
tu recommences donc toujours la même
chanson, ma petite mere; ne t'ai-je pas
dit qu'en agissant avec de certaines précautions, on ne risque point cet inconvénient? N'es-tu pas convenue avec moi
que les femmes n'ont que trois choses à

redouter, la peur du diable, la réputation
.& la groffeffe ? Tu es très - appaifée, je
penfe, fur le premier article ; je ne crois
pas que tu craignes de ma part l'indif-
crétion ni l'imprudence, qui feules peuvent ternir la réputation ; enfin, on ne
devient mere que par l'étourderie de fon
amant. Or, je t'ai déjà démontré plus
d'une fois, par l'explication du méchanifme de la fabrique des hommes, que
rien n'étoit plus facile à éviter : répétons
donc encore ce que nous avons dit à ce
fujet. L'amant, par la réflexion ou par la
vue de fa maîtreffe, fe trouve dans l'état
qui eft néceffaire à l'acte de la génération :
le fang, les efprits, le nerf érecteur, ont
enflé & roidi fon dard : tous deux d'ac-
cord, ils fe mettent en pofture : la fleche
de l'amant eft pouffée dans le carquois de
fa maîtreffe : les femences fe préparent
par le frottement réciproque des parties.
L'excès du plaifir les tranfporte ; déjà

l'élixir divin est prêt à couler ; alors l'a-
mant sage , maître de ses passions, retire
l'oiseau de son nid , & sa main, ou celle
de sa maîtresse , acheve par quelques lé-
gers mouvemens de provoquer l'éjacula-
tion au-dehors. Point d'enfant à craindre
dans ce cas. L'amant étourdi & brutal
pousse au contraire jusques au fond du
vagin , il y répand sa semence ; elle pé-
netre dans la matrice , & de-là dans ses
trompes où se forme la génération.

Voilà, Madame, continua M. T... puisque vous avez voulu que je le répétasse
encore, quel est le méchanisme des plaisirs
de l'amour. Me connoissant tel que je suis,
pouvez-vous me croire du nombre de ces
derniers imprudens ? Non, mon cher
ami, j'ai cent fois fait l'expérience du
contraire , laisse - moi , je te conjure, la
renouveller aujourd'hui avec toi. Regarde
dans quel état de triomphe est mon drôle :
tu le tiens ; oui ; serre - le bien dans ta

main, tu vois qu'il te demande grace & je... Non pas, s'il vous plaît, mon cher Abbé, répliqua à l'instant Madame C.... il n'en sera rien. je vous jure, tout ce que vous m'avez dit ne peut me tranquil-liser sur mes craintes, & je vous procu-rerois un plaisir que je ne pourrois pas goûter. cela n'est pas juste. Laissez-moi donc faire je vais mettre ce petit effronté à la raison. Eh bien ! poursuivit-elle, es-tu content de mes tettons & de mes cuisses ? les as-tu assez baisé assez manié ; pourquoi trousser ainsi mes manchettes au-dessus du coude ? Monsieur aime sans doute à voir les mouvemens d'un bras nu ? Fais-je bien ? Tu ne dis mot ! Ah, le coquin ! Qu'il a de plaisirs !

Il se fit un instant de silence. Puis tout-à-coup j'entendis l'Abbé qui s'écria: ma chere maman. je n'en puis plus ; un peu plus vîte : donne-moi donc ta petite langue, je t'en prie : Ah ! il cou... le !

Jugez, mon cher Comte, de l'état où j'étois pendant cette édifiante conversation. J'essayai vingt fois de me lever, pour tâcher de trouver quelque ouverture par où je pusse découvrir les objets ; mais le bruit des feuilles me retint toujours. J'étois assise ; je m'alongeai de mon mieux ; & pour éteindre le feu qui me dévoroit, j'eus recours à mon petit exercice ordinaire.

Après quelques momens, qui furent employés sans doute à réparer le désordre de M. l'Abbé, en vérité, dit-il, toute réflexion faite, je crois, ma bonne amie, que vous avez eu raison de me refuser la jouissance que je vous demandois : j'ai senti un plaisir si vif, un chatouillement si puissant, que je pense que tout eût coulé à travers les choux si vous m'eussiez laissé faire.

Il faut avouer que nous sommes des animaux bien foibles & bien peu maîtres de diriger nos volontés. Je fais tout cela, mon pauvre Abbé, reprit Madame C... tu ne m'apprends rien de nouveau ; mais dis-moi. est-il bien vrai que dans le genre des plaisirs que nous goûtons, nous ne péchons pas contre l'intérêt de la société ? Et cet amant fage, dont tu approuves la prudence, qui retire l'oiseau de son nid & qui répand le baume de vie au-dehors. ne fait-il pas également un crime ; car il faut convenir que les uns & les autres, nous supprimons à la société un citoyen qui pourroit lui devenir utile.

Ce raisonnement, répliqua l'Abbé, paroît d'abord spécieux, mais vous allez voir, ma belle Dame. qu'il n'a cependant que l'écorce. Nous n'avons aucune loi humaine ni divine qui nous invite, & encore moins qui nous contraigne de travailler à la multiplication du genre humain. Toutes ces loix permettent le célibat aux garçons & aux filles, à une

foule de Moines fainéans & de Religieufes inutiles : elles permettent à l'homme
marié d'habiter avec fa femme groffe,
quoique les femences alors répandues le
foient fans efpérance de fruit. L'érat de
virginité eft même réputé préférable à
celui du mariage. Or, ces faits pofés,
n'eft-il pas certain que l'homme qui tri-
che, & ceux qui, comme nous, jouiffent
des plaifirs de la petite oie, ne font rien
de plus que ces Moines, que ces Religieufes, que tout ce qui vit dans le célibat ? Ceux-ci confervent dans leurs reins
en pure perte une femence que les premiers répandent en pure perte : ne font-
ils donc pas les uns & les autres précifé-
ment dans un cas égal, eu égard à la fociété ? Ils ne lui donnent tous aucun
citoyen ; mais la feule raifon ne nous
dicte-t-elle pas qu'il vaut mieux encore
que nous jouiffions d'un plaifir qui ne fait
tort à perfonne, en répandant inutilement

cette semence, que de la conserver dans
nos vaisseaux spermatiques, non - seulement avec la même utilité, mais encore
toujours aux dépens de notre santé &
souvent de notre vie. Ainsi vous voyez,
Madame la raisonneuse, ajouta l'Abbé,
que nos plaisirs ne font pas plus de tort à
la société, que le célibat approuvé des
Moines, des Religieuses, &c. & que nous
pouvons aller notre petit train.

Sans doute, qu'ensuite de ces réflexions
l'Abbé se mit en devoir de rendre à Madame C... service, car j'entendis un instant après que celle - ci lui disoit : Ah!
finis, vilain Abbé, retire ton doigt, je ne
suis pas en train aujourd'hui, je me res-
sens encore de nos folies d'hier, remet-
tons celle - ci à demain : d'ailleurs tu sais
que j'aime à être à mon aise, bien éten-
due sur mon lit : ce banc n'est point commode ; finis, encore un coup : je ne veux
de toi présentement que la définition que

tu m'as promife fur dame nature : vous voilà tranquille, Monfieur le Philofophe ; parlez, je vous écoute. Sur dame nature, reprit l'Abbé ? Ma foi, vous en faurez bientôt autant que moi. C'eft un être imaginaire, c'eft un mot vuide de fens. Les premiers chefs des Religions, les premiers politiques, embarraffés fur l'idée qu'ils devoient donner au public du bien & du mal moral, ont imaginé un Être entre Dieu & nous, qu'ils ont rendu l'auteur de nos paffions, de nos maladies, de nos crimes. Comment, en effet, fans ce fecours euffent-ils concilié leur fyftême avec la bonté infinie de Dieu ? D'où euffent-ils dit que nous venoient ces envies de voler, de calomnier, de violer, d'affaffiner ? Pourquoi tant de maladies, tant d'infirmités ? Qu'avoit fait à Dieu ce malheureux cul-de-jatte, né pour ramper fur la terre pendant toute fa vie ? Un Théologien nous dit à cela : *ce font des effets de la nature.* Mais qu'eſt-ce que c'eſt que cette nature ! Eſt-ce un autre Dieu que nous ne connoiſſons pas ? Agit-elle par elle-même & indépendamment de la volonté de Dieu ? Non, dit encore féche- ment le Théologien. Comme Dieu ne peut pas être l'Auteur du mal, le mal ne peut exiſter que par le moyen de la nature. Quelle abſurdité ! Eſt-ce du bâton qui me frappe dont je dois me plaindre ? n'eſt-ce pas de celui qui a dirigé le coup ? n'eſt-ce pas lui qui eſt l'auteur du mal que je reſ- fens ? Pourquoi ne pas convenir une bonne fois, que la nature eſt un être de raiſon, un mot vuide de ſens ; que tout eſt de Dieu ; que le mal phyſique qui nuit aux uns, ſert au bonheur des autres ; que tout eſt bien ; qu'il n'y a rien de mal dans le monde, eu égard à la Divinité ; que tout ce qui s'appelle *bien* ou *mal* moral, n'eſt que relatif à l'intérêt des ſociétés établies parmi les hommes, mais relatif à

Dieu par la volonté duquel nous agiſſons néceſſairement d'après les premieres loix, d'après les premiers principes du mouvement qu'il a établi dans tout ce qui exiſte? Un homme vole, il fait du bien par rapport à lui, du mal par ſon infraction à l'établiſſement de la ſociété, mais rien par rapport à Dieu. Cependant je conviens que cet homme doit être puni, quoiqu'il ait agi néceſſairement, quoique je ſois convaincu qu'il n'a pas été libre de commettre ou de ne pas commettre ſon crime; mais il doit l'être, parce que la punition d'un homme qui trouble l'ordre établi, fait méchaniquement par la voie des ſens des impreſſions ſur l'ame, qui empêchent les méchans de riſquer ce qui pourroit leur faire mériter la même punition, & que la peine que ſubit ce malheureux pour ſon infraction, doit contribuer au bonheur général, qui eſt préférable dans les cas au bien particulier.

G 2

J'ajoute encore, que l'on ne peut même trop noter d'infamie les parens, les amis & tous ceux qui ont eu des habitudes avec un criminel, pour engager, par ce trait de politique, tous les humains à s'inspirer mutuellement entr'eux de l'horreur des actions & pour les crimes qui peuvent troubler la tranquillité publique : tranquillité que notre disposition naturelle, que nos besoins, que notre bien-être particulier nous portent sans cesse à l'enfreindre : disposition enfin qui ne peut être absorbée dans l'homme que par l'éducation ; qu'au moyen des impressions qu'il reçoit dans l'ame, par la voie des autres hommes qu'il fréquente, ou qu'il voit habituellement, soit par le bon exemple, soit par les discours, en un mot, par les sensations externes, qui, jointes aux dispositions intérieures, dirigent toutes les actions de notre vie. Il faut donc aiguillonner, il faut nécessiter les hommes à s'exciter entr'eux à ces senfations au bonheur général.

Je crois, Madame, ajouta l'Abbé, que vous fentez préfentement ce que l'on doit entendre par le mot de *Nature*. Je me propofe de vous entretenir demain matin de l'idée qu'on doit avoir des Religions. C'est une matiere importante à notre bonheur ; mais il eft trop tard pour l'entamer aujourd'hui. Je fens que j'ai befoin d'aller prendre mon chocolat. Je le veux, dit Madame C... en fe levant : Monfieur le Philofophe a fans doute befoin d'une réparation phyfique, pour les pertes libidineufes que je lui ai fait faire : cela eft bien jufte, continua-t-elle ; vous avez fait & vous avez dit des chofes admirables : rien de mieux que vos obfervations fur la nature ; mais trouvez bon que je doute fort que vous puiffiez me faire voir auffi clair fur le chapitre des Religions, que vous avez touché diverfes fois avec beaucoup moins de succès. Comment donner en effet des démonstrations dans une matiere aussi abstraite, & où tout est article de foi ? C'est ce que nous verrons demain, répondit l'Abbé. Oh ! ne comptez pas en être quitte demain pour des raisonnemens, répliqua Madame C... : nous rentrerons, s'il vous plaît, de bonne heure dans ma chambre, où j'aurai besoin de vous & de mon lit de repos.

Quelques instans après, ils prirent l'un & l'autre le chemin de la maison ; je les y suivis par une allée couverte. Je ne restai qu'un moment dans ma chambre pour y changer de robe, & je me rendis de suite dans l'appartement de Madame C... où je craignis que l'Abbé n'entamât encore l'article des Religions que je voulois absolument entendre. Celui de la nature m'avoit frappée : je voyois clairement que Dieu & la nature n'étoient qu'une même chose, ou du moins que la nature n'agisfoit que par la volonté immédiate de Dieu. De là je tirai mes petites conféquences, & je commençai peut-être à penfer pour la premiere fois de ma vie.

Je tremblois en entrant dans l'appartement de Madame C... ; il me fembloit qu'elle devoit s'appercevoir de l'efpece de perfidie que je venois de lui faire, & de diverfes réflexions dont j'étois agitée. L'Abbé T... me regardoit attentivement ; je me crus perdue ; mais bientôt je l'entendis qui difoit à demi - bas à Madame C... voyez fi Thérefe n'eft pas jolie ? Elle a des couleurs charmantes ; fes yeux font perçans & fa phyfionomie devient tous les jours plus fpirituelle. Je ne fais ce que Madame C... lui répondit ; ils fourioient l'un & l'autre. Je fis femblant de n'avoir rien entendu, & j'eus grand foin de ne pas les quitter de toute la journée.

En rentrant le foir dans ma chambre, je formai mon plan pour le lendemain

matin. La crainte où j'étois de ne pas
m'éveiller d'assez bonne heure, fut cause
que je ne dormis point. Vers les cinq
heures du matin, je vis Madame C...
gagner le bosquet où M. T... l'attendoit
déjà. Suivant ce que j'avois oui la veille,
elle devoit bientôt rentrer dans sa chambre à coucher, où étoit le lit de repos
dont elle avoit parlé. Je n'hésitai pas de
m'y couler & de me cacher dans la ruelle
de son lit, où je m'assis sur le plancher,
le dos appuyé contre le mur, à côté du
chevet. J'avois le rideau du lit devant
moi, que je pouvois entr'ouvrir au besoin, pour avoir en entier le spectacle du
petit lit qui étoit dans le coin opposé de
la chambre, où l'on ne pouvoit pas dire
un mot sans que je l'entendisse.

Ainsi postée, l'impatience commençoit
à me faire appréhender d'avoir manqué
mon coup, lorsque mes deux acteurs ren-
trerent. Baise-moi comme il faut, mon

ther ami, difoit Madame C... en fe laiffant tomber fur fon lit de repos. La lecture de ton vilain *Portier des Chartreux*
m'a mife tout en feu ; fes portraits font
frappans ; ils ont un air de vérité qui
charme : s'il étoit moins ordurier , ce
feroit un livre inimitable dans fon genre.
Mets-le-moi aujourd'hui , Abbé, je t'en
conjure , ajouta-t-elle ; j'en meurs d'envie , & je confens d'en rifquer l'événement. Non pas moi, reprit l'Abbé , pour
deux bonnes raifons : c'eft que je vous
aime , & que je fuis trop honnête homme
pour rifquer votre réputation & vos juftes
reproches par cette imprudence ; la feconde , c'eft que M. le docteur n'eft pas
aujourd'hui , comme vous voyez , dans
fon brillant ; je ne fuis pas Gafcon , &...
Je le vois à merveille , reprit Madame C...
cette derniere raifon eft fi énergique que
vous euffiez pu en vérité vous difpenfer
de vous faire un mérite de la premiere.

G 5

Çà, mets-toi donc du moins à côté de
moi, ajouta-t-elle en s'étendant lascive-
ment fur le lit, & chantons, comme tu
dis, le petit office. Ah! de tout mon cœur,
ma chere maman, reprit l'Abbé qui étoit
alors debout, découvrant méthodique-
ment la gorge de Madame. Enfuite il
trouffa fa robe & fa chemife jufqu'au-
deffus du nombril, puis il lui ouvrit les
cuiffes, en élevant tant foit peu fes genoux, de maniere que fes talons qui fe
rapprochoient quelque peu de fes feffes,
étoient prefque joints l'un à l'autre, ap-
puyés fur les pieds du lit.

Dans cette attitude, en partie cachée
pour moi par l'Abbé qui baifoit alterna-
tivement toutes les beautés du corps de
fa chere maîtreffe, Madame paroiffoit immobile, recueillie, méditant fur la nature
des plaifirs dont elle fentoit déjà les pré-
mices. Ses yeux étoient la moitié fermés;
la pointe de fa langue fe montroit fur le

bord de ses levres merveilles, & tous les muscles de son visage étoient dans une agitation voluptueuse. Finis donc tes baisers, dit-elle à l'abbé T... ne vois-tu pas que je t'attends? je n'en puis plus.

Le complaisant directeur ne se fit pas répéter deux fois ce qu'on exigeoit de lui. Il se glissa par le pied du lit entre Madame C... & la muraille, sa main gauche fut passée sous la tête de la tendre C... qu'il pressoit, la baisant bouche à bouche avec des petits mouvemens de langue les plus voluptueux. Son autre main fut occupée à l'action principale : elle caressoit artistement, frottant cette partie qui distingue notre sexe, & que Madame C... a très-abondamment garni d'un poil frisé & du plus beau noir. Le doigt de l'Abbé jouoit ici le rôle le plus intéressant.

Jamais tableau ne fut placé dans un jour plus avantageux, eu égard à ma position. Le lit de repos étoit disposé de façon que j'avois pour point de vue la toison de Madame C... Au - dessous se montroient en partie ses deux fesses, agitées d'un mouvement léger du bas en haut, qui annonçoit la fermentation intérieure : & ses cuisses, les plus belles, les plus rondes, les plus blanches qui se puissent imaginer, faisoient avec ses genoux un autre petit mouvement de droite & de gauche, qui contribuoit sans doute aussi à la joie de la partie principale que l'on fêtoit, & dont le doigt de l'Abbé, perdu dans la toison, suivoit tous les mouvemens.

J'entreprendrois inutilement, mon cher Comte, de vous dire ce que je pensois alors : je ne sentois rien, pour trop sentir. Je devins machinalement le singe de ce que je voyois ; ma main faisoit l'office de celle de l'Abbé ; j'imitois tous les mouvemens de mon amie. Ah ! je me meurs, s'écria-t-elle tout-à-coup : en-

fonce-le, mon cher Abbé : oui ... bien avant , je t'en conjure ; pousse fort, pousse , mon petit : ah , quel plaisir ! je fonds ... je ... me ... pâ...me !

Toujours parfaite imitatrice de ce que je voyois , sans réfléchir un instant à la défense de mon directeur , j'enfonçai mon doigt à mon tour ; une légere douleur que je ressentis ne m'arrêta pas , je poussai de toute ma force , & je parvins au comble de la volupté.

La tranquillité avoit succédé aux emportemens amoureux , & je m'étois comme assoupie malgré ma situation gênante. Lorsque j'entendis Madame C... approcher du lieu où j'étois cachée , je me crus découverte ; mais j'en fus quitte pour la peur. Elle tira le cordon de sa sonnette & demanda du chocolat , que l'on prit en faisant l'apologie des plaisirs qu'on venoit de goûter. Pourquoi ne sont-ils pas entiérement innocens , dit Madame C...? car vous avez beau dire qu'ils ne bleſſent point l'intérêt de la ſociété ; que nous y ſommes portés par un beſoin auſſi néceſ_ſaire à ſoulager, que le ſont les beſoins de la faim & de la ſoif : vous m'avez très-bien démontré que nous n'agiſſons que par la volonté de Dieu, que la nature n'eſt qu'un mot vuide de ſens & n'eſt que l'effet dont Dieu eſt la cauſe ; mais la Religion, qu'en direz-vous ? Elle nous défend les plaiſirs de concupiſcence hors de l'état du mariage. Eſt-ce encore là un mot vuide de ſens ? Quoi ! Madame, ré-pondit l'Abbé, vous ne vous ſouvenez donc pas que nous ne ſommes pas libres, que toutes nos actions ſont déterminées néceſſairement ? & ſi nous ne ſommes point libres, comment pouvons-nous pécher ? Mais entrons, puiſque vous le voulez, ſérieuſement en matiere ſur le chapitre des Religions. Votre diſcrétion, votre prudence me ſont connues ; & je crains d'autant moins de m'expliquer, que je proteste devant Dieu de la bonne-foi avec laquelle j'ai cherché à démêler la vérité de l'illusion. Voici le résumé de mes travaux & de mes réflexions sur cette importante matiere.

Dieu est bon, dis-je : sa bonté m'assure que, si je cherche avec ardeur à connoître s'il est un culte véritable qu'il exige de moi, il ne me trompera pas, je parviendrai à connoître évidemment ce culte, autrement Dieu seroit injuste ; il m'a donné la raison pour m'en servir, pour me guider : à quoi puis-je mieux l'employer ?

Si un Chrétien de bonne-foi ne veut pas examiner sa Religion, pourquoi voudra-t-il (ainsi qu'il exige) qu'un Mahométan de bonne-foi examine la sienne ? Ils croient l'un & l'autre que leur Religion leur a été révélée de la part de Dieu, l'une par Jésus-Christ, l'autre par Mahomet.

La foi ne nous vient que parce que des hommes nous ont dit que Dieu a révélé de certaines vérités. Mais d'autres hommes en ont dit de même aux sectaires des autres Religions ; lesquels croire ? Pour le savoir il faut donc examiner ; car tout ce qui vient des hommes, doit être soumis à notre raison.

Tous les auteurs de diverses Religions répandues sur la terre, se sont vantés que Dieu les leur avoit révélées ; lesquels croire ? Examinons quelle est la véritable ; mais comme tout est préjugé de l'enfance & de l'éducation, pour juger sainement, il faut commencer par faire un sacrifice à Dieu de tout préjugé, & examiner avec le flambeau de la raison une chose de laquelle dépend notre bonheur ou notre malheur, pendant notre vie & pendant l'éternité.

J'observe d'abord qu'il y a quatre parties dans le monde ; que la vingtieme partie, au plus, d'une de ces quatre parties est catholique ; que tous les habitans des autres parties disent que nous adorons un homme, du pain ; que nous multiplions la Divinité ; que presque tous les peres se sont contredits dans leurs écrits : ce qui prouve qu'ils n'étoient pas inspirés de Dieu.

Tous les changemens de Religions depuis Adam, faits par Moïse, par Salomon, par Jésus-Christ, & ensuite par les peres, démontrent que toutes ces Religions ne sont que l'ouvrage des hommes. Dieu ne varie jamais ; il est immuable.

Dieu est par-tout : cependant l'Ecriture-Sainte dit que Dieu chercha Adam dans le Paradis terrestre, *Adam, ubi es ?* que Dieu s'y promena, qu'il s'entretint avec le diable au sujet de Job.

La raison me dit que Dieu n'est sujet à aucune passion : cependant dans la Genese, ch. 6, on y fait dire à Dieu qu'il se

repent d'avoir créé l'homme ; que sa colere n'a pas été inefficace. Dieu paroît si
foible dans la Religion Chrétienne, qu'il
ne peut pas réduire l'homme au point où
il le voudroit : il le punit par l'eau, ensuite par le feu, l'homme est toujours le
même ; il envoie des prophetes, les hommes sont encore les mêmes ; il n'a qu'un
fils unique, il l'envoie, le sacrifie ; cependant les hommes ne changent en rien :
que de ridicules la Religion Chrétienne
donne à Dieu !

Chacun convient que Dieu sait ce qui
doit arriver pendant l'éternité ; mais
Dieu, dit-on, ne connoît ce qui doit résulter de nos actions, qu'après avoir prévu
que nous abuserions de ses graces, & que
nous commettrions ces mêmes actions ;
il résulte néanmoins de cette connoissance, que Dieu, en nous faisant naître,
savoit déjà que nous ferions infailliblement damnés & éternellement malheureux.

On voit dans l'Ecriture - Sainte , que Dieu a envoyé des prophetes pour avertir les hommes & les engager à changer de conduite : donc l'Ecriture-Sainte suppose que Dieu est un trompeur. Ces idées peuvent-elles s'accorder avec la certitude que nous avons de la bonté infinie de Dieu ?

On suppose à Dieu , qui est tout-puissant , un adversaire qui lui enleve sans cesse malgré lui les trois quarts du petit nombre des hommes qu'il a choisis , pour lesquels son fils s'est sacrifié , sans s'embarrasser du reste du genre humain. Quelles pitoyables absurdités !

Suivant la Religon Chrétienne, nous ne péchons que par la tentation : c'est le diable , dit-on , qui nous tente. Dieu n'avoit qu'à anéantir le diable, nous ferions tous sauvés ; il y a bien de l'injustice ou de l'impuissance de sa part.

Une assez grande partie des Ministres de la Religion Catholique prétend que

Dieu nous donne des commandemens ; mais soutient qu'on ne sauroit les accomplir sans la grace que Dieu donne à qui lui plaît, & cependant Dieu punit ceux qui ne les observent pas ! Quelle contradiction ! Quelle impiété monstrueuse !

Y a-t-il rien de si misérable que de dire que Dieu est vindicatif, jaloux, colere ; de voir que les Catholiques adressent leurs prieres aux Saints ; comme si ces Saints étoient par-tout ainsi que Dieu ; comme si ces Saints pouvoient lire dans les cœurs des hommes & les entendre ?

Quelle ridiculité de dire que nous devons tout faire pour la plus grande gloire de Dieu ! Est-ce que la gloire de Dieu peut être augmentée par l'imagination, par les actions des hommes ? peuvent-ils augmenter quelque chose en lui ? Ne se suffit-il pas à lui-même ?

Comment des hommes ont-ils pu s'imaginer que la Divinité se trouvoit plus honorée , plus fatisfaite , de leur voir manger un hareng qu'une moviette , une foupe à l'oignon , qu'une foupe au lard , une folle qu'une perdrix ; & que cette même Divinité les damneroit éternelle-ment , fi dans certains jours ils donnoient la préférence à la foupe au lard ?

Foibles mortels ! Vous croyez pouvoir offenfer Dieu ! Pourriez - vous feulement offenfer un roi , un prince , qui feroient raifonnables ? Ils méprifeeroient votre foi-bleffe & votre impuiffance. On vous an-nonce un Dieu vengeur , & on vous dit que la vengeance eft un crime. Quelle contradiction ! On vous affure que par-donner une offenfe eft une vertu ; & on ofe vous dire que Dieu fe venge d'une of-fenfe involontaire (*) par une éternité de fupplices !

S'il y a un Dieu , dit-on , il y a un culte.

______

(*) *Le péché originel.*

Cependant avant la création du monde, il faut convenir qu'il y avoit un Dieu & point de culte. D'ailleurs depuis la création il y a des bêtes qui ne rendent aucun culte à Dieu. S'il n'y avoit point d'hommes, il y auroit toujours un Dieu, des créatures & point de culte. La manie des hommes est de juger des actions de Dieu par celles qui leur sont propres.

La Religion Chrétienne donne une fausse idée de Dieu ; car la justice humaine, selon elle, est une émanation de la justice divine. Or nous ne pourrions suivant la justice humaine, que blâmer les actions de Dieu envers son fils, envers Adam, envers les peuples à qui on n'a jamais prêché, envers les enfans qui meurent avant le baptême.

Suivant la Religion Chrétienne, il faut tendre à la plus grande perfection. L'état de virginité, suivant elle, est plus parfait que celui du mariage : or il est évident que la perfection de la Religion tend à la deſtruction du genre humain. Si les efforts des diſcours des Prêtres réuſſiſ-foient, dans ſoixante ou quatre-vingts ans le genre humain ſeroit détruit. Cette Re-ligion peut-elle être de Dieu?

Eſt - il rien de ſi abſurde que de faire prier Dieu pour ſoi par des Prêtres, par des Moines, par d'autres perſonnes? On juge de Dieu comme on juge des Rois.

Quel excès de folie de croire que Dieu nous a fait naître pour que nous ne faſ-ſions que ce qui eſt contre nature, que ce qui peut nous rendre malheureux dans ce monde, en exigeant que nous nous refu-ſions tout ce qui ſatisfait les ſens. les ap-pétits qu'il nous a donnés ! Que pourroit faire de plus un tyran acharné à nous per-ſécuter depuis l'inſtant de notre naiſſance juſqu'à celui de notre mort?

Pour être parfait Chrétien, il faut être ignorant, croire aveuglément, renoncer

à tous les plaifirs, aux honneurs, aux ri-
cheffes, abandonner fes parens, fes amis,
garder fa virginité; en un mot, faire tout
ce qui eft contraire à la nature. Cependant cette nature n'opere fûrement que
par la volonté de Dieu. Quelle contra-
riété la Religion fuppofe dans un Être
infiniment jufte & bon !

Puifque Dieu eft le Créateur & le Maître
de toutes chofes, nous devons les employer toutes à l'ufage pour lequel il les
a faites, & nous en fervir fuivant la fin
qu'il s'eft propofée en les créant; autant
que par la raifon, par les fentimens inté-
rieurs qu'il nous a donnés, nous pouvons
connoître fon deffein & fon but, & les
concilier avec l'intérêt de la fociété établie parmi les hommes, dans les pays que
nous habitons.

L'homme n'eft pas fait pour être oifif:
il faut qu'il s'occupe à quelque chofe qui
ait pour but fon avantage particulier concilié

cilié avec le bien général. Dieu n'a pas voulu feulement le bonheur de quelques particuliers ; il veut le bonheur de tous. Nous devons donc nous rendre mutuellement tous les fervices poffibles, pourvu que ces fervices ne détruifent pas quelques branches de la fociété établie : c'eft ce dernier point qui doit diriger nos actions. En confervant, dans ce que nous faifons, notre état, nous rempliffons tous nos devoirs ; le refte n'eft que chimere, qu'illufion, que préjugé.

Toutes les Religions, fans en excepter aucune, font les ouvrages des hommes ; il n'y en a point qui n'ait eu fes martyrs, fes prétendus miracles. Que prouvent de plus les nôtres que ceux des autres Religions ?

Les Religions ont d'abord été établies par la crainte : le tonnerre, les orages, les fruits, les grains qui nourriffoient les premiers hommes répandus fur la furface

Tome I. H

de la terre. Leur impuiſſance à parer ces événemens les obligea à avoir recours aux prieres envers ce qu'ils reconnoiſſoient être plus puiſſant qu'eux, & qu'ils croyoient diſpoſé à les tourmenter. Par la ſuite, des hommes ambitieux, de vaſtes génies, de grands politiques, nés dans différens ſiecles, dans diverſes régions, ont tiré parti de la crédulité des peuples, ont annoncé des dieux ſouvent bizarres, fantaſques, tyrans ; ont établi des cultes, ont entrepris de former des ſociétés dont ils puſſent devenir les chefs, les légiſlateurs : ils ont reconnu que, pour maintenir ces ſociétés, il étoit néceſſaire que chacun de leurs membres ſacrifiât ſes paſſions, ſes plaiſirs particuliers au bonheur des autres. De là la néceſſité de faire enviſager un équivalent de récompenſes à eſpérer & de peines à craindre, qui déterminaſſent à faire ces ſacrifices. Ces politiques imaginerent donc les Religions.

Toutes promettent des récompenses & annoncent des peines qui engagent une grande partie des hommes à résister au penchant naturel qu'ils ont de s'approprier le bien, la femme, la fille d'autrui: de se venger, de médire, de noircir la réputation de son prochain, afin de rendre la sienne plus saillante. L'honneur fut associé par les suites aux Religions. Cet Etre aussi chimérique qu'elles, aussi utile au bonheur des sociétés & à celui de chaque particulier, fut imaginé pour contenir dans les mêmes bornes, & par les mêmes principes, un certain nombre d'autres hommes.

Il y a un Dieu, créateur & moteur de tout ce qui existe, n'en doutons point: nous faisons partie de ce tout, & nous n'agissons qu'en conséquence des premiers principes du mouvement que Dieu lui a donné. Tout est combiné & nécessaire, rien n'est produit par le hasard.

Trois dés, pouffés par un joueur, doivent infailliblement donner tel ou tel point, eu égard à l'arrangement des dés dans fon cornet, à la force & au mouvement donné. Le coup de dé eft le tableau de toutes les actions de notre vie. Un dé en pouffe un autre auquel il imprime un mouvement néceffaire ; & de mouvemens en mouvemens, il réfulte phyfiquement un tel point. De même l'homme, par fon premier mouvement, par fa premiere action, eft déterminé invinciblement à une feconde, à une troifieme, &c. Car dire que l'homme veut une chofe parce qu'il la veut, c'eft ne rien dire, c'eft fuppofer que le néant produit un effet. Il eft évident que c'eft un motif, une raifon qui le détermine à vouloir cette chofe ; & de raifons en raifons, qui font déterminées les unes par les autres, la volonté de l'homme eft invinciblement néceffitée de faire telles & telles actions pendant tout le cours de sa vie, dont la fin est celle du coup de dé.

Aimons Dieu, non pas qu'il l'exige de nous, mais parce qu'il est souverainement bon ; & ne craignons que les hommes & leurs loix. Respectons ces loix, parce qu'elles sont nécessaires au bien public, dont chacun de nous fait partie.

Voilà, Madame, ajouta l'Abbé T...., ce que mon amitié pour vous m'a arraché sur le chapitre des Religions. C'est le fruit de vingt années de travail, de veilles & de méditations, pendant lesquelles j'ai cherché de bonne-foi à distinguer la vé-rité du mensonge.

Concluons donc, ma chere amie, que les plaisirs que nous goûtons, vous & moi, sont innocens, puisqu'ils ne blessent ni Dieu, ni les hommes, par le secret & la décence que nous mettons dans notre conduite. Sans ces deux conditions, je conviens que nous causerions du scandale

& que nous ferions criminels envers la
fociété : notre exemple pourroit féduire
de jeunes cœurs deftinés par leurs familles, par leur naiffance, à des emplois
utiles au bien public, dont ils néglige-
roient peut-être de fe charger, pour ne
fuivre que le torrent des plaifirs.

Mais, répliqua Madame C..., fi nos
plaifirs font innocens, comme je le con-
çois préfentement, pourquoi, au contraire, ne pas inftruire tout le monde de
la maniere d'en goûter du même genre ?
Pourquoi ne pas communiquer le fruit
que vous avez tiré de vos méditations
métaphyfiques, à nos amis, à nos conci-
toyens, puifque rien ne pourroit contribuer davantage à leur tranquillité & à
leur bonheur ? Ne m'avez-vous pas dit
cent fois qu'il n'y a pas de plus grand
plaifir que celui de faire des heureux ?

Je vous ai dit vrai, Madame, reprit
l'Abbé ; mais gardons-nous bien de ré-

véler aux sots des vérités qu'ils ne senti-
roient pas. Elles ne doivent être connues
que par les gens qui savent penser, &
dont les passions sont tellement en équilibre entre elles, qu'ils ne sont subjugués
par aucune. Cette espece d'hommes & de
femmes est très - rare : de cent mille personnes, il n'y en a pas vingt qui s'accou-
tument à penser ; & de ces vingt, à
peine en trouverez-vous quatre qui pensent en effet par elles-mêmes, ou qui ne
soient pas emportées par quelque passion
dominante. De - là il faut être extrême-
ment circonspect sur le genre des vérités
que nous avons examinées aujourd'hui.
Comme peu de personnes apperçoivent la
nécessité qu'il y a de s'occuper du bonheur de ses voisins pour s'assurer de celui
que l'on cherche soi-même . on doit donner à peu de personnes des preuves claires
de l'insuffisance des Religions, qui ne laissent pas de faire agir & de retenir un

grand nombre d'hommes dans leurs devoirs, & dans l'obſervation des regles qui dans le fond ne ſont utiles qu'au bien de la ſociété, ſous le voile de la Religion, par la crainte des peines & l'eſpérance des récompenſes éternelles qu'elle leur annonce. Ce ſont cette crainte & cette eſpérance qui guident les foibles ; le nombre en eſt grand : ce ſont l'honneur, les loix humaines, l'intérêt public qui guident les gens qui penſent : le nombre en eſt en vérité bien petit.

Dès que M. l'Abbé T... eut ceſſé de parler, Madame C... le remercia dans des termes qui marquoient toute ſa ſatisfaction. Tu es adorable, mon cher ami, lui dit-elle, en lui ſautant au col ! Que je me trouve heureuſe de connoître, d'aimer un homme qui penſe auſſi ſainement que toi ! Sois aſſuré que je n'abuſerai jamais de ta confiance, & que je ſuivrai exactement la ſolidité de tes principes.

Après quelques baisers, qui furent encore donnés de part & d'autre, & qui m'ennuyerent beaucoup à cause de la situation gênante où j'étois, mon pieux directeur & sa docile profélyte descendirent dans la falle où l'on avoit coutume de s'affembler. Je gagnai promptement ma chambre où je m'enfermai. Un inftant après, on vint m'appeller de la part de Madame C... Je lui fis dire que je n'avois pas dormi de toute la nuit, & que je la priois de me laiffer repofer encore quelques heures. J'employai ce tems à mettre par écrit tout ce que je venois d'entendre.

Nos jours s'écouloient dans cette campagne en témoignages réciproques d'amitié, lorfque ma mere vint fubitement un matin m'annoncer que notre voyage de Paris étoit fixé pour le lendemain. Nous dinâmes encore, ma mere & moi, chez l'aimable Madame C... que je quittai en verfant un torrent de larmes. Cette femme adorable, peut-être unique dans son espece, m'accabla de caresses, & me donna les conseils les plus sages, sans y mêler des petitesses accablantes & inutiles. L'Abbé T... étoit allé dans une ville voisine où il devoit passer huit jours. Je ne le vis point. Nous retournâmes coucher à Volnot. Tout étoit préparé pour notre voyage. Nous nous mîmes le lendemain dans une chaise qui nous voitura jusqu'à Lyon, d'où la diligence nous conduisit à Paris.

J'ai dit que ma mere s'étoit déterminée à faire ce voyage, parce qu'il lui étoit dû une somme considérable par un Marchand de sa connoissance, & que du payement de cette somme dépendoit toute notre fortune. D'autre part, ma mere étoit endettée, son commerce languissoit. Avant de partir de Volnot, elle avoit laissé toutes ses affaires entre les mains d'un Avocat son parent, qui acheva de les perdre.

Ma mere apprit que tout étoit faisi chez elle, le même jour que, pour comble d'infortune, on vint lui annoncer que son débiteur de Paris, obéré & preffé trop vivement par une multitude de créanciers, venoit de faire une banqueroute frauduleufe & complete. On ne réfifte pas à tant de chagrins à-la-fois ; ma pauvre mere y fuccomba, une fievre maligne l'emporta en huit jours.

Me voilà donc au milieu de Paris, livrée à moi - même, fans parens, fans amis, iolie, à ce qu'on me difoit, inftruite à bien des égards, mais fans connoiffance des ufages du monde.

Ma mere, avant de mourir, m'avoit remis une bourfe, dans laquelle je trouvai quatre cents louis d'or : étant d'ailleurs affez bien en linge & en habits, je me crus riche. Mon premier mouvement fut cependant de me jeter dans un monaftere, & de me faire Religieufe ; mais

les réflexions que je fis sur ce que j'avois
souffert autrefois dans un pareil gîte,
jointes aux conseils d'une dame, ma voisine, avec qui j'avois ébauché un commencement de connoissance, me détour-
nerent de ce fatal dessein.

Cette dame, qui se nommoit *Bois-Lau-*
rier, avoit un appartement à côté de celui
que j'occupois dans un hôtel garni. Elle
eut la complaisance de ne me presque
point quitter pendant le premier mois qui
suivit la mort de ma mere, & je lui dois
une reconnoissance éternelle des soins
qu'elle se donna pour soulager les afflic-
tions dont j'étois accablée. Madame Bois-
Laurier étoit, comme vous l'avez su, de
ces femmes que la nécessité avoit contrainte pendant sa jeunesse de servir au
soulagement de l'incontinence du public
libertin, & qui, à l'exemple de tant d'autres, jouoit alors *incognito* le rôle d'honnête femme, à l'aide d'une rente viagere
qu'elle

qu'elle s'étoit assurée de l'épargne de ses premiers travaux.

Cependant l'affliction qui me dévoroit fit place aux réflexions. L'avenir me fit peur : je m'en ouvris à mon amie ; je lui confiai l'état de mes finances, & ce que j'envisageois d'affreux dans ma situation. Elle avoit un esprit solide & affermi par l'expérience. Que vous êtes peu sage, me dit-elle un matin, de vous inquiéter aussi vivement d'un avenir qui n'est pas plus certain pour les plus riches que pour les plus pauvres, & qui doit vous paroître moins critique qu'à un autre ! Est-ce qu'avec du mérite, une taille, une mine comme celle que vous portez là, une fille est jamais embarrassée, pour peu qu'elle y joigne de prudence & de conduite ? Non, Mademoiselle, ne vous inquiétez point : je vous trouverai ce qu'il faut, peut-être même un bon mari ; car il me paroît que votre manie est de vouloir tâter du facrement. Hélas, ma pauvre enfant, vous ne connoiffez guere la jufte valeur de ce que vous defirez là! Enfin, laiffez-moi faire; une femme de quarante ans, qui a l'expérience d'une de cinquante, fait ce qui convient à une fille comme vous. Je vous fervirai de mere, ajouta-t-elle, & de chaperon pour paroître dans le monde : dès aujourd'hui je vous préfenterai à mon oncle B... qui doit venir me voir; c'eft un riche Financier, un honnête homme, qui vous trouvera bientôt un bon parti.

Je fautai au col de Bois-Laurier, que je remerciai de tout mon cœur, & j'avoue de bonne-foi que le ton d'affurance avec lequel elle me parloit, me perfuada que ma fortune étoit certaine.

Qu'une fille fans expérience, avec beaucoup d'amour-propre, eft fotte! Les leçons de l'Abbé T... m'avoient bien deffillé les yeux fur le rôle que nous devons jouer ici - bas, eu égard à Dieu & aux loix des hommes ; mais je n'avois aucune espece de connoissance de l'usage du monde.

Tout ce que je voyois, ce qu'on me disoit, me paroissoit rempli de la probité que j'avois trouvée dans Madame C... & dans l'Abbé T... & je croyois le seul Dirrag un méchant homme. Pauvre innocente ! que je me trompois grossiérement !

Le Financier B... arriva chez Madame Bois-Laurier vers les cinq heures du soir. On employa sans doute les premiers quarts - d'heure de cette visite à toute autre chose qu'à s'entretenir de moi. La niece étoit trop fine pour ne pas mettre l'oncle dans un état de tranquillité qui ne lui laissât rien à redouter de l'effet de mes charmes, qu'elle disoit être dangereux. La besogne fut longue. Vers les sept heures je fus présentée à M. B... à

qui je fis en entrant une profonde révérence fans qu'il daignât fe lever. Il me fit
affeoir cependant fur une chaife à côté
d'un fauteuil , dans lequel il étoit à demi-
couché , pouffant un gros ventre en-
avant, qui n'étoit couvert que de fa
chemife , & il me reçut avec l'air & les
manieres de la plupart des gens de fon
état : tout m'en parut néanmoins admirable , jufqu'aux louanges qu'il donna à
la fermeté de ma cuiffe , fur laquelle il
appuya brutalement fa main en ferrant
de toute fa force , au point de me faire
jeter un cri. Ma niece m'a parlé de vous,
me dit - il , fans faire attention à la douleur qu'il m'avoit caufée : comment diable ! vous avez des yeux, des dents, une
cuiffe dure. Oh ! nous ferons quelque
chofe de vous. Dès demain je vous fais
dîner avec un de mes Confreres qui a de
l'or plein cette chambre : je connois fon
humeur , il fera d'abord amoureux: mé-

nagez-le : je vous répond que c'est un bon vivant , dont vous ferez contente. Adieu , mes chers enfans , ajouta-t-il en se levant & boutonnant sa veste ; embraſſez-moi toutes deux , & regardez - moi comme votre pere. Toi, ma niece , envoie dire à ma petite maison qu'on nous y prépare à dîner.

Auſſi-tôt que notre Financier fut sorti, Madame Bois-Laurier me témoigna combien elle étoit charmée qu'il m'eut trouvée de son goût. C'est un homme sans façon , me dit - elle , un cœur excellent & un ami eſſentiel. Laiſſez - moi faire : j'ai pris pour vous une sincere amitié ; suivez seulement mes conseils , sur-tout ne faisons pas la bégueule , & je vous réponds de votre fortune.

Je soupai avec mon nouveau mentor qui sonda adroitement quelle étoit ma façon de penser , & la conduite que j'avois tenue jusqu'alors.

Son épanchement de cœur pour moi excita le mien. Je jasai plus que je ne voulois. On fut d'abord alarmé d'apprendre que je n'avois pas eu d'amans ; mais on se rassura dès qu'on fut persuadé, par des réponses qu'on m'arracha finement, que je connoissois la valeur des plaisirs de l'amour, & que j'en avois tiré un honnête parti. La Bois-Laurier me baisa, me caressa : elle fit tout ce qu'elle put pour m'engager à coucher avec elle. Je la remerciai & je rentrai chez moi l'esprit très-occupé de la bonne fortune qui m'attendoit.

Les Parisiennes sont vives & caressantes. Dès le lendemain matin, mon obligeante voisine vint me proposer de me friser, de me servir de femme-de-chambre, de faire ma toilette : mais le deuil de ma mere m'empêcha d'accepter ses offres, & je restai dans mon petit bonnet-de-nuit. La curieuse Bois-Laurier me fit mille poliſſonneries , & parcourut tous mes charmes , des yeux & de la main , en me donnant une chemiſe qu'elle voulut me paſſer elle - même : mais , coquine ! me dit-elle par réflexion , je crois que tu prends ta chemiſe ſans avoir fait la toilette à ton minon : où eſt donc ton bidet ? Je ne ſais , en vérité , lui répondis-je , ce que vous voulez me dire avec votre *bidet.* Comment , dit - elle , point de bidet ? garde - toi bien de te vanter jamais d'avoir manqué d'un meuble auſſi néceſſaire à une fille du bon air , que ſa propre chemiſe. Pour aujourd'hui , je veux bien te prêter le mien ; mais demain , ſans plus tarder , ſonge à l'emplette d'un bidet. Celui de la Bois-Laurier fut donc apporté , elle me campa deſſus , & malgré tout ce que je pus dire & faire , cette femme officieuſe , tout en riant comme une folle , lava elle-même abondamment ce qu'elle nommoit mon *minon*. L'eau de lavande ne lui fut pas épargnée. Que je soupçonnois peu la fête qui lui étoit préparée, & le motif de cet exact *lavabo* !

Vers le midi, un honnête fiacre nous conduisit à la petite maison de M. B... où il nous attendoit avec M. R... son confrere & son ami. Celui-ci étoit un homme de trente-huit à quarante ans, d'une figure assez passable, richement habillé, affectant de montrer tour-à-tour ses tabatieres, ses étuis, jouant l'homme d'importance. Il daigna néanmoins s'approcher de moi ; & me considérant attentivement face-à-face, elle est, parbleu, jolie ! s'écria-t-il ; d'honneur, elle est charmante, & je veux en faire ma petite femme. Oh ! Monsieur, vous me faites bien de l'honneur, répliquai-je, & si .... Non, non, reprit-il, ne vous embarrassez de rien, j'arrangerai tout cela de façon que vous serez contente.

On annonça qu'on étoit servi ; on se
mit à table. La Bois-Laurier, qui con-
noissoit le jargon, les propos usités dans
ces sortes de repas, y fut charmante.
Elle eut beau m'agacer, j'étois totale-
ment déplacée, je ne disois mot, ou si
je parlois, c'étoit dans des termes qui
parurent si maussades aux deux Finan-
ciers, que la premiere vivacité de M.
R... se perdit : il me regardoit avec de
grands yeux qui annonçoient l'idée qu'il
concevoit de mon esprit : on ne paroît
ordinairement en avoir qu'avec les personnes qui pensent & qui agissent comme nous. Cependant quelques verres de
vin de Champagne réparerent bientôt
dans l'imagination de R... les torts que
la stérilité de ma conversation y avoit
faits. Il devint plus pressant, & moi plus
docile. Son air d'aisance m'en imposa ;
ses mains larronnesses voltigeoient un
peu par-tout ; & la crainte de manquer

à des égards que je croyois d'usage ,
m'empêchoit d'oser lui en imposer sérieusement. Je me croyois d'autant plus
autorisée à laisser aller les choses leur
train , que je voyois sur un sopha , à
l'autre bout de la salle , M. B... parcourant encore un peu plus cavaliére-
ment les appas de Madame sa niece.
Enfin , je me défendis si mal des petites
entreprises de R... qu'il ne douta pas de
réussir , s'il en tentoit de plus sérieuses.
Il me proposa de passer sur un lit de
repos qui faisoit face au sopha. Je le veux
bien , Monsieur , lui dis-je bonnement ;
je pense que nous ferons mieux , & je
crains que vous ne vous fatiguiez trop
dans la situation où vous êtes là à mes
genoux. (Il venoit en effet de s'y mettre.)
Aussi - tôt il se leve , & me porte sur le
petit lit.

Dans ce moment , je m'apperçus que
M. B... & sa niece sortoient de l'appar-

tement : je voulois me relever pour les fuivre ; mais l'entreprenant R... me difant en quatre mots qu'il m'aimoit à la folie & qu'il vouloit faire ma fortune , avoit trouffé d'une main ma chemife jufqu'à la ceinture , & de l'autre fortoit de fa culotte un membre roide & ner-veux : fon genoux étoit paffé entre mes cuiffes qu'il ouvroit le plus qu'il lui étoit poffible , & il fe difpofoit à affouvir fa brutalité , lorfque , portant les yeux fur le monftre dont j'étois ménacée , je re-connus qu'il avoit à peu près la même phyfionomie que le goupillon dont le **P.** Dirrag fe fervoit pour chaffer l'ef-prit immonde du corps de fes péni-tentes.

Je me fouvins en ce moment de tout le danger que M. l'Abbé **T...** m'avoit fait envifager dans la nature de l'opé-ration dont j'étois ménacée. Ma docilité fe changea fur-le-champ en fureur ; je

faisis le redoutable R... à la cravate, &
les bras tendus, je le tins dans une pofture qui le mit hors d'état de prendre
celle qu'il s'étoit propofée. Tandis que
toute mon attention étoit fixée, de peur
de furprife, fur la tête de l'ennemi dont
je craignois l'enfilure, j'appellai de toutes mes forces à mon fecours Madame
Bois-Laurier qui, de moitié ou non des
projets de R... ne put fe difpenfer d'ac-
courir & de blâmer fon procédé. Fu-
rieufe de l'affront que je venois de recevoir de la part de R... j'étois au moment de lui arracher les yeux ; je lui
reprochois fa témérité dans les termes
les plus vifs ; B... avoit joint la Bois-
Laurier : tous deux enfemble ne rete-
noient qu'avec peine les efforts que je
foifois pour leur échapper & tomber fur
R... lorfque celui-ci, après avoir remis
tranquillement le meuble critique dans
fon gîte, rompit tout-à-coup le filence

par un éclat de rire désordonné. Parbleu , la petite provinciale , dit - il en
affectant le mauvais plaisant , convenez
que je vous ai fait grande peur : vous
avez donc cru férieufement que je voulois ? … Oh ! la finguliere chofe qu'une
fille de province , qui n'a pas le foupçon
des ufages du monde ! Imagine-toi , mon
cher B… , continua-t-il , que j'ai couché
Mademoifelle fur le lit , j'ai levé fes
jupes , je lui ai montré mon … la petite
bégueule ne s'eft-elle pas imaginée qu'il
y avoit quelque chofe d'irrégulier dans
ce procédé ? Elle a fait *du lutin* , vous
êtes venus , voilà toute l'hiftoire qui met
ce bel enfant dans les convulfions que
vous voyez : n'y a - t - il pas là de quoi
mourir de rire , ajouta - t - il en redou-
blant fes éclats ? Mais la Bois-Laurier !
reprit - il tout - à - coup avec un grand
férieux , je vous prie de ne me plus
mettre avec de pareilles fottes ; je ne

fuis point fait pour être maître d'école,
ni profeffeur de civilité ; & vous ferez
fort bien d'apprendre à vivre à Mademoifelle, avant de la préfenter en la compagnie de gens comme B... & moi.

Les bras, je vous l'avoue, m'étoient
tombés pendant cette finguliere harangue.
J'écoutois R.... la bouche béante ; je le
regardois avec des yeux hébétés, & je ne
difois mot.

B... difparut avec R... fans que, pour
ainfi dire, je m'en apperçuffe ; & je reftai
comme une ftupide entre les bras de la
Bois-Laurier, qui marmottoit auffi entre
fes dents certains petits mots qui vifoient
à me faire entendre que je ne laiffois pas
d'avoir quelque tort. Nous montâmes
dans notre fiacre, & nous retournâmes
chez nous.

Je ne réfiftai pas long - tems à l'agitation de mes fens. En arrivant je verfai un
torrent de larmes. Ma chafte compagne,

qui n'étoit pas tranquille fur les idées qui me refteroient de mon aventure, ne me quitta point ; elle chercha à me per-fuader que les hommes étoient toujours curieux de fonder jufqu'à quel point une fille qu'ils ont en vue d'époufer, connoît les plaifirs de l'amour. La conclufion de ce raifonnement fut que la prudence au-roit dû m'engager à affecter plus d'igno-rance, & qu'elle voyoit avec chagrin que ma vivacité m'avoit peut - être fait man-quer ma fortune. Je lui répondis avec feu que je n'étois pas affez peu inftruite pour ignorer ce que l'indigne R... vouloit faire de moi. J'ajoutai affez féchement que la plus haute fortune ne me tenteroit jamais à ce prix-là. Emportée par mon imagi-nation, je lui contai enfuite ce que j'avois vu du P. Dirrag & de Mademoifelle Era-dice, les leçons que j'avois recues à ce fujet de M. l'Abbé T... & de Madame C... Enfin, de propos en propos, la rufée

Bois-Laurier sut tirer de moi toute mon histoire. Ce détail la fit changer de ton ; si je lui avois paru peu instruite des manieres, des usages du monde, elle ne fut pas peu surprise de mes lumieres dans la morale, la métaphysique & la religion.

La Bois - Laurier a le cœur excellent. Que je suis enchantée, me dit - elle en m'embrassant étroitement, de connoître une fille telle que toi. Tu viens de me dessiller les yeux sur des mysteres qui faisoient tout le malheur de ma vie : les réflexions que je ne cessois de faire sur ma conduite passée, en troubloient le repos. Hélas ! qui est-ce qui devoit plus appréhender que moi les châtimens dont on nous menace pour des crimes que tu m'as démontré être involontaires ? Le commencement de ma vie a été un tissu d'horreurs ; mais quoi qu'il en coûte à mon amour-propre, je te dois confidence pour confidence, leçon pour leçon. Ecoute donc, ma chere Thérefe, le récit de mes aventures, en t'inftruifant des caprices des hommes, qu'il eft bon que tu connoiffes ; pour contribuer auffi à te confirmer qu'en effet le vice & la vertu dépendent du tempérament & de l'éducation. Et tout de fuite cette femme commença ainfi fon hiftoire.

Fin du Tome premier.